W0345502

Einkochen und Einlegen

100 Rezepte aus Brigitte

Herausgegeben von Dr. Barbara Rias-Bucher

Köstliche Variationen von Großmutters Geheimrezepten sind fester Bestandteil der modernen Küche. Marmelade, Konfitüre und Gelee schmecken selbstgemacht einfach am besten. Pikante Chutneys passen zu Fleisch, Gemüse oder Käse und selbst eingelegtes Gemüse ist zu jeder Jahreszeit eine besondere Delikatesse.

Ein Brigitte-Buch bei Goldmann

INHALT

Erdbeerkonfitüre mit Möhren

▶ Für 3 Gläser à ca. 400 g; Foto rechts

350 g Möhren, 600 g Erdbeeren,
500 g Gelierzucker (für 1 kg Früchte),
1 Bund Zitronenmelisse, 2 Sternanis,
4 Eßl. Anislikör (ersatzweise
1/2 Teel. gemahlener Anis).

Die Möhren schälen, waschen und in sehr feine Streifen schneiden. Die Erdbeeren vorbereiten, große Früchte grob zerkleinern. Mit den Möhren in einen Topf geben und mit dem Gelierzucker mischen. Etwa zwei Stunden zugedeckt stehenlassen. Sternanis zufügen und die Mischung unter ständigem Umrühren einmal aufkochen. Erdbeermus drei Minuten sprudelnd kochen lassen. Die Zitronenmelisse kurz kalt abspülen und gut trockentupfen. Blättchen abzupfen, grob zerkleinern und mit dem Anislikör unter die Konfitüre rühren. Die Konfitüre kochendheiß in vorbereitete Gläser füllen und sofort verschließen (pro Glas ca. 780 Kalorien).

TIP Zum Vorbereiten die Erdbeeren nur kurz kalt abspülen und nicht im Wasser liegenlassen. Stiele und Blüten erst nach dem Waschen entfernen, sonst saugen sich die Früchte voll Wasser.

Johannisbeergelee mit Sternanis und Nelken

▶ Für 4 Gläser à ca. 370 g;

800 g rote Johannisbeeren,
400 g schwarze Johannisbeeren
(ergibt zusammen 1 l Saft),
1 kg feiner Zucker,
1 Beutel Geliermittel (20 g),
je 4 Sternanis und Gewürznelken.

Beeren waschen und entsaften. Einen Liter Fruchtsaft in einen Topf geben. Zucker und Geliermittel vermischen und zugeben. Unter ständigem Rühren aufkochen und eine halbe Minute sprudelnd kochen lassen. Anis und Nelken zufügen. In vorbereitete Gläser füllen (pro Glas ca. 1130 Kalorien).

TIP Die Bezeichnungen verwirren viele immer noch: »Marmelade« darf sich im Handel nur nennen, was aus Zitrusfrüchten gemacht wurde – zum Beispiel Orangenmarmelade. Alles andere ist Konfitüre »extra« oder »einfach«, je nach Fruchtmarkanteil. Bei Selbstgemachtem spielen diese Unterschiede keine Rolle: Wir kochen entweder Marmelade mit Fruchtstückchen oder Gelee aus Saft.

Apfelkonfitüre mit Salbei

- Für 7 Gläser à 450 g;
  Foto Seite 41, vorne

2 kg Äpfel, 1 Bund Salbei,
1,5 kg Gelierzucker.

Die Äpfel schälen, vierteln, entkernen und würfeln. Mit einem Achtelliter Wasser bei kleiner Hitze zehn Minuten dünsten. Salbei waschen. Die Blättchen von den Stielen abzupfen und kleinschneiden. Zusammen mit Gelierzucker unter die Äpfel rühren und zum Kochen bringen. Die Mischung vier Minuten sprudelnd kochen lassen. Heiß in vorbereitete Gläser füllen und verschließen (insgesamt ca. 6855 Kalorien).

Quittenmus

- Für etwa 2 Liter

2 1/2 kg Quitten,
1 unbehandelte Orange,
100 g Mandelblättchen,
1,35 kg heller Speisesirup.

Quitten waschen und mit Küchenkrepp abreiben, damit die letzten Reste der pelzigen Haut entfernt werden. Braune Flecken dünn abschälen. Die Quitten vierteln, entkernen und einmal durch die mittlere Scheibe des Fleischwolfes drehen. Oder portionsweise im Blitzhacker fein zerkleinern. Orange heiß waschen und die Schale dünn abreiben. Saft auspressen. Fruchtmus, Orangenschale und -saft und Mandeln mischen. Auf das Blech geben, gleichmäßig mit Sirup begießen. In den kalten Backofen schieben und bei 195 Grad/Umluft 180 Grad/Gas Stufe 3 etwa eine Stunde 30 Minuten garen. Auf dem Blech durchrühren. Sofort heiß in Gläser füllen und verschließen (insgesamt: ca. 6305 Kalorien). Schmeckt als Brotbelag, als Beilage zu Braten oder Kartoffelklößen.

Stachelbeer-Kiwi-Konfitüre

- Für 3 Gläser à 1/4 l

500 g Stachelbeeren,
3 reife Kiwis (300 g),
etwa 10 Pfefferminzblätter,
500 g Gelierzucker.

Stachelbeeren putzen. Kiwis schälen und kleinschneiden. Stachelbeeren im Mixer pürieren, Kiwis zugeben und kurz mitpürieren. Pfefferminzblätter fein hacken. Fruchtmus, Pfefferminze und Gelierzucker in einen hohen Topf geben und unter Rühren einmal aufkochen. Eine Minute sprudelnd kochen lassen. Sofort in vorbereitete Gläser füllen, verschließen (pro Glas ca. 1130 Kalorien).

Orangenmarmelade

▶ Für 3 Gläser à 450 g

6–8 Orangen (davon 2 unbehandelte),
1 Zitrone, 1 Beutel Gelfix (zwei + eins),
500 g Zucker.

Unbehandelte Orangen heiß abwaschen. Schale in dünnen Streifen abschälen. Die restlichen Orangen dick abschälen. Fruchtfleisch in Stücke schneiden. Ein Kilogramm abwiegen. Fruchtfleisch, Orangenschale, Zitronensaft, Gelierpulver und zwei Eßlöffel Zucker in einem hohen Topf verrühren. Aufkochen. Restlichen Zucker zugeben und wieder aufkochen. Eine Minute sprudelnd kochen lassen. Die Marmelade sofort in heiß ausgespülte Gläser füllen und verschließen (pro Glas ca. 880 Kalorien).

Beerengelee mit grünem Pfeffer

▶ Für 3 Gläser à 1/4 l

250 g rote Johannisbeeren,
250 g Stachelbeeren,
250 g Himbeeren, 2 Eßl. Zucker,
350 g Extra-Gelierzucker,
1 Glas grüner Pfeffer (Einwaage 25 g).

Beeren waschen, gründlich abtropfen lassen und mit zwei Eßlöffel Zucker vermischt entsaften. 700 Kubikzentimeter Saft abmessen. Mit Gelierzucker und abgetropftem Pfeffer in einen hohen Topf geben und unter Rühren aufkochen. Das Gelee vier Minuten sprudelnd kochen lassen. Sofort in fertig vorbereitete Gläser füllen und verschließen (pro Glas ca. 595 Kalorien).

Zwetschenkonfitüre mit Kokos

▶ Für 4 Gläser

1 kg Zwetschen, 750 g Gelierzucker,
4 Eßl. Kokosnußraspel,
eventuell 2 Eßl. Kokosnußlikör.

Zwetschen abspülen, entsteinen und in kleine Stücke schneiden. Mit dem Gelierzucker und den Kokosnußraspeln verrühren. Die Mischung zugedeckt über Nacht in den Kühlschrank stellen. Am nächsten Tag in einen Topf geben, aufkochen und etwa vier Minuten sprudelnd kochen lassen. Dabei immer wieder umrühren Den Schaum abschöpfen, der sich eventuell beim Kochen bildet. Den Likör unterrühren, die kochendheiße Konfitüre in fertig vorbereitete Gläser füllen und verschließen (pro Glas ca. 925 Kalorien).

Kürbiskonfitüre mit Tomaten

▶ Für ca. 7 Gläser à 450 g;
Foto rechts unten

1,5 kg Gartenkürbis (etwa 1 kg festes Kürbisfleisch), 1 kg Fleischtomaten,
3 Zitronen (davon 1 unbehandelt),
2 kg Gelierzucker,
eventuell 6 Eßl. Weinbrand.

Den Kürbis in Spalten schneiden, schälen und die Kerne und das weiche Innenfleisch entfernen. Kürbisfleisch grob raffeln. Die Tomaten mit kochendem Wasser überbrühen, kurz kalt abspülen und abziehen. Tomaten quer zum Stielansatz halbieren und die Kerne herausdrücken. Das Fruchtfleisch mit dem Schneidstab des Handrührers oder im Mixer pürieren. Unbehandelte Zitrone heiß abwaschen, trockenreiben und die Schale mit einem Sparschäler möglichst in einer Spirale ganz dünn abschneiden. Alle Zitronen auspressen. Die Kürbisraffel, das Tomatenpüree, Zitronenschale, Saft und den Gelierzucker in einen großen Topf geben. Unter Rühren aufkochen und drei Minuten sprudelnd kochen lassen. Die Zitronenschale herausnehmen. Eventuell Weinbrand unterrühren, die Konfitüre in vorbereitete Schraubdeckelgläser füllen und sofort verschließen (pro Glas ca. 1155 Kalorien).

Kürbiskonfekt mit Gewürzen

▶ Für etwa 1 kg Konfekt;
Foto rechts oben

1,4 kg Gartenkürbis (etwa 1 kg festes Kürbisfleisch), 1/4 l Weinessig,
500 g weißer oder brauner Zucker,
1 großes Stück frischer Ingwer (70 g),
60 Gewürznelken,
2 kleine Zimtstangen,
etwa 300 g brauner Zucker.

Den Kürbis vierteln, Kerne und das weiche Innenfleisch entfernen. Die Kürbisviertel schälen und in etwa vier Zentimeter große Stücke schneiden. Essig, weißen oder braunen Zucker, geschälten, in Scheiben geschnittenen Ingwer, Nelken und Zimtstangen aufkochen. Den Kürbis zufügen und bei mittlerer Hitze etwa fünf Minuten glasig kochen. Zugedeckt über Nacht stehenlassen. Die Würfel aus dem Sud heben und gut abtropfen lassen. Nebeneinander auf eine große Platte legen und mit braunem Zucker bestreuen. Etwa drei Tage lang immer wieder mit dem braunen Zucker bestreuen, bis die Kürbiswürfel keine Flüssigkeit mehr abgeben. Das Konfekt ist luftig gelagert zwei bis drei Wochen haltbar. Im geschlossenen Glas setzt sich etwas Flüssigkeit ab (insgesamt ca. 1410 Kalorien).

Ananas-Birnen-Konfitüre mit Majoran

▶ Für 5 Gläser à 450 g

1 kleine Ananas, 700 g Birnen,
1 Bund Majoran, 2 Zimtstangen,
1 kg Gelierzucker.

Ananas in Viertel schneiden und schälen. Das harte Innere entfernen, das Fruchtfleisch in Stücke schneiden, aufkochen und etwas abkühlen lassen. Die Birnen schälen, vierteln, das Kerngehäuse entfernen und die Birnen in Stücke schneiden. Den Majoran waschen, trockentupfen und die Blättchen abstreifen. Je 500 Gramm von Ananas und Birnen abwiegen. Die Früchte mit Majoran, Zimtstangen und Gelierzucker in einen Topf geben (eventuell noch übriggebliebene Früchte als Kompott essen). Die Konfitüre unter Rühren zum Kochen bringen und vier Minuten sprudelnd kochen lassen. Heiß in vorbereitete Gläser füllen und verschließen (insgesamt ca. 4530 Kalorien).

TiP Die heiß ausgespülten Gläser möglichst vollfüllen und sofort verschließen. So bleibt zwischen Inhalt und Deckel nur ganz wenig Luft und beim Abkühlen des Eingekochten entsteht ein Vakuum. Das schützt vor Verderb.

Stachelbeergelee mit Birne und Ingwer

▶ Für 6 Gläser à ca. 370 g

2 kg Stachelbeeren (ergibt 1 l Saft),
1 Beutel Geliermittel (zwei + eins),
1 kg Zucker, 1 Birne,
20 g gezuckerter Ingwer,
eventuell 3 Eßl. Birnenbrand.

Früchte entsaften und einen Liter davon abmessen. Das Geliermittel mit zwei Eßlöffel Zucker vermischen. Mit dem Stachelbeersaft unter Rühren aufkochen. Restlichen Zucker einrühren, unter ständigem Rühren drei Minuten sprudelnd kochen lassen. Birne schälen und fein würfeln, Ingwer fein hacken. Birnen, Ingwer und Birnenbrand unter das Gelee rühren. In die vorbereiteten Gläser füllen (pro Glas ca. 785 Kalorien).

Zitronengelee mit Limetten und Kumquats

▶ Für 3 Gläser à 450 g

1 Limette, 2 Kumquats,
10–12 Zitronen (je nach Saftmenge),
1 kg Gelierzucker.

Limette und Kumquats heiß abwaschen, abtrocknen und in dünne Scheiben schneiden. Zitronen auspressen und drei Achtelliter Saft abmessen. Drei Achtelliter Wasser zufügen und in einen hohen Topf geben. Den Gelierzucker darunterrühren und zum Kochen bringen. Vier Minuten sprudelnd kochen lassen. Die Limetten- und Kumquatscheiben unterrühren. Das Gelee sofort in heiß ausgespülte Gläser füllen und verschließen (pro Glas ca. 1460 Kalorien).

feine Streifen schneiden und dazugeben. Die Konfitüre unter ständigem Umrühren eine Minute sprudelnd kochen. Kochendheiß in die vorbereiteten Gläser füllen und verschließen (pro Glas ca. 485 Kalorien).

TiP Kontrolliert ökologisch erzeugten Honig von Eukalyptusbäumen und Trauerweiden mit Lotuskleepollen bekommen Sie in Grünen Läden.

Aprikosenkonfitüre mit Melone

▶ Für 4 Gläser à ca. 370 g

1 kg Aprikosen,
1/2 Honigmelone (200 g),
400 g Eukalyptushonig,
1 Beutel Gelfix (zwei + eins),
einige Blättchen Zitronenmelisse.

Die Aprikosen überbrühen und abziehen. Anschließend entsteinen und in Würfel schneiden. Die Kerne der Melone mit einem Eßlöffel herauskratzen. Mit einem Kugelausstecher kleine Kugeln aus dem Fruchtfleisch stechen oder die Melone schälen und würfeln. Früchte und Honig in einen Topf geben. Gelfix unterrühren und aufkochen. Zitronenmelisse waschen, trockentupfen, in

Erdbeerkonfitüre mit getrockneten Aprikosen

▶ Für 4 Gläser à ca. 370 g

1 kg Erdbeeren,
100 g getrocknete Aprikosen,
400 g Akazienhonig,
1 Beutel Gelfix (zwei + eins).

Die Erdbeeren kurz abspülen, abzupfen und halbieren. Die Aprikosen in feine Streifen schneiden. Vorbereitete Früchte und Honig in einen Topf geben. Früchte mit einem Kochlöffel grob zerdrücken. Das Gelfix darunterrühren und aufkochen. Die Konfitüre unter ständigem Rühren eine Minute sprudelnd kochen lassen, in die vorbereiteten Gläser füllen und sofort verschließen (pro Glas ca. 490 Kalorien).

Kirsch-Vanille-Konfitüre

▸ Für 5 Gläser à 1/4 l; Foto rechts

Je 500 g Sauer- und Süßkirschen,
2 Vanillestangen,
1 Beutel Gelfix (zwei + eins),
1 kg Zucker.

Kirschen entsteinen und die Hälfte davon im Mixer oder mit dem Pürierstab des Handrührers pürieren. Mit dem ausgekratzten Vanillemark in einen Kochtopf geben. Das Geliermittel mit zwei Eßlöffel Zucker vermischen und unter die Fruchtmasse rühren. Unter ständigem Rühren aufkochen. Sobald die Masse sprudelnd kocht, den restlichen Zucker unterrühren und erneut zum Kochen bringen. Eine Minute sprudelnd kochen. Sofort in vorbereitete Gläser füllen und verschließen (pro Glas ca. 935 Kalorien).

Holunderbeergelee mit Birnen und Äpfeln

▸ Für 3 Gläser à 500 g

400 g Äpfel, 400 g Birnen,
400 ccm Holunderbeersaft,
1 kg Gelierzucker, 1 Zitrone,
1 Eßl. Korianderkörner.

Äpfel und Birnen waschen und schälen. Die Kerngehäuse entfernen. Äpfel in Ringe und Birnen in Spalten schneiden. Je 300 Gramm Fruchtfleisch abwiegen. Das Obst mit dem Holunderbeersaft, Gelierzucker, Zitronensaft und Koriander mischen und aufkochen. Vier Minuten sprudelnd kochen lassen. Sofort in heiß ausgespülte Gläser füllen und verschließen (pro Glas ca. 1530 Kalorien).

TIP Holunderbeersaft bekommen Sie in Grünen Läden und Reformhäusern.

Rotes Kräutergelee

▸ Für 4 Gläser à ca. 370 g;
Foto Seite 41

1 l roter Fruchtsaft (Kirschen, Johannisbeeren oder Pflaumen),
Saft von 1 Zitrone,
1 kg Gelierzucker, 1 Handvoll Dillzweige und Minzeblätter.

Fruchtsaft mit Zitronensaft und Zucker verrühren und aufkochen. Unter Rühren drei Minuten kochen. Die vorbereiteten Gläser zu etwa drei Viertel damit füllen, Gelee etwas abkühlen lassen. Kräuter waschen, trockentupfen und auf das Gelee legen. Den Rest des Gelees einfüllen und die Gläser verschließen (pro Glas ca. 460 Kalorien).

Beeren-Vielfrucht mit Vanille

▶ Für 4 Gläser à ca. 370 g

500 g Erdbeeren, je 400 g Himbeeren, Stachelbeeren und Johannisbeeren (alles zusammen ergibt 1 l Saft), 500 g Extra-Gelierzucker, 2 Vanillestangen.

Die Früchte entsaften. Einen Liter Fruchtsaft mit dem Gelierzucker verrühren. Unter ständigem Rühren zum Kochen bringen und eine Minute sprudelnd kochen lassen. Die Vanillestangen mit einem kleinen spitzen Messer quer halbieren, längs aufschneiden und zufügen. Gelee in vorbereitete Gläser füllen (pro Glas ca. 605 Kalorien).

Himbeerkonfitüre mit Litschis

▶ Für 4 Gläser à ca. 370 g

800 g Himbeeren (frisch oder TK), 1 Dose Litschis (250 g), 400 g Akazienhonig, 1 Beutel Gelfix (zwei + eins).

Frische Himbeeren kurz in einer Schüssel mit kaltem Wasser waschen, tiefgefrorene Früchte auftauen lassen. Abgetropfte Litschis in Streifen schneiden. Früchte und Honig in einen Topf geben und die Früchte mit einem Kochlöffel grob zerdrücken. Geliermittel unterrühren und aufkochen. Eine Minute sprudelnd kochen lassen. In vorbereitete Gläser füllen (pro Glas ca. 440 Kalorien).

Beeren-Trauben-Konfitüre mit Kürbiskernen

▶ Für 4 Gläser à ca. 310 g

Je 400 g Himbeeren und Erdbeeren (frisch oder TK), je 100 g kernlose weiße und blaue Weintrauben, 100 g Kürbiskerne, 400 g Wiesenblütenhonig, 1 Beutel Gelfix (zwei + eins).

Frische Himbeeren und Erdbeeren kurz in einer Schüssel mit kaltem Wasser waschen, tiefgefrorene Früchte auftauen lassen. Erdbeeren halbieren. Weintrauben waschen, abzupfen und halbieren. Früchte, Kürbiskerne und Honig in einen Topf geben. Gelmittel unterrühren und aufkochen. Unter ständigem Rühren eine Minute sprudelnd kochen. In vorbereitete Gläser füllen und verschließen (pro Glas ca. 440 Kalorien).

Pfirsichkonfitüre mit Kokos

▸ Für 4 Gläser à ca. 370 g

1 kg mittelgroße Pfirsiche,
100 g geschälte frische Kokosnuß
(ersatzweise 30 g Kokosraspel),
400 g Honig,
1 Beutel Gelfix (zwei + eins).

Pfirsiche überbrühen und abziehen. Früchte entsteinen und würfeln. Kokosnußfleisch in feine Streifen hobeln. Früchte, Kokosnuß und Honig in einen Topf geben. Geliermittel unterrühren und aufkochen. Unter Rühren eine Minute sprudelnd kochen. In vorbereitete Gläser füllen und verschließen (pro Glas ca. 480 Kalorien).

Zwetschenmus

▸ Für 4 Gläser à 450 g

4 kg Zwetschen, 1 kg Zucker,
1/8 l Essig, 2 unbehandelte Orangen,
200 g Walnußkerne.

Gewaschene Zwetschen entsteinen. In einen säurebeständigen Topf geben. Mit Zucker bestreuen, mit Essig begießen und zugedeckt bei Zimmertemperatur 24 Stunden stehenlassen. Grobgehackte Walnußkerne und dünn abgeschälte Orangenschalen auf das Obst streuen. Zwetschen bei mittlerer Hitze zum Kochen bringen und während des Kochens nicht umrühren, damit nichts anbrennt. Etwa vier Stunden im offenen Topf bei kleinster Hitze köcheln lassen, bis die Flüssigkeit auf dem Obst fast verdampft ist. Topf vom Herd nehmen, Orangenschalen entfernen und das Mus mit einer Kelle kräftig durchrühren. In vorbereitete Gläser füllen und sofort verschließen (pro Glas ca. 1950 Kalorien).

Rohe Erdbeerkonfitüre

▸ Für 2 Gläser à 450 g

500 Gramm Erdbeeren,
500 Gramm Gelierzucker.

Erdbeeren waschen, abtropfen lassen und abzupfen. Gelierzucker mit den Früchten in den Mixaufsatz der Küchenmaschine geben und acht bis zehn Minuten pürieren oder mit dem Schneidstab eines Handquirls zerkleinern. Dann Gelierzucker zugeben und mit dem Schneebesen des Handquirls 30 bis 40 Minuten rühren, bis sich der Zucker vollständig aufgelöst hat. Die Marmelade in vorbereitete Gläser füllen und verschließen (pro Glas ca. 1080 Kalorien).

Leichtes Hagebuttenmus mit Birnen

▶ Für ca. 5 Gläser à 300 g;
Foto rechts, oben rechts und links

800 g Hagebutten, 4–5 Birnen,
1 Beutel Gelierpulver für
Light-Konfitüren (25 g, 2 1/2 zu 1),
400 g Zucker, 1 Zitrone.

Von den Hagebutten Stiel und Blüte abschneiden und die Früchte halbieren. Hagebutten und 200 Kubikzentimeter Wasser fünf bis zehn Minuten kochen lassen. Früchte durch ein Sieb streichen, bis nur noch die Kerne übrig sind. 500 Gramm Fruchtmark abwiegen. Die Birnen schälen, vierteln und entkernen. 500 Gramm Fruchtfleisch würfeln. Gelierpulver und Zucker mischen. Hagebuttenmus, Birnenwürfel, Zuckermischung und den Zitronensaft aufkochen und eine Minute sprudelnd kochen lassen. Den Topf vom Herd nehmen und die Birnenstücke mit dem Schneidstab etwas zerkleinern. Das Mus sofort in vorbereitete Gläser füllen und fest verschließen (pro Glas ca. 450 Kalorien).

TIP Mit Gelierpulver für Light-Konfitüren spart man etwa 40 Prozent Kalorien.

Hagebutten-Grapefruit-Konfitüre

▶ Für ca. 3 Gläser à 300 g;
Foto rechts, Mitte oben

600 g Hagebutten, 2–3 Grapefruits,
250 g Extra-Gelierzucker (2 1/2 zu 1),
1 Limette oder Zitrone.

Von den Hagebutten Stiel und Blüte abschneiden und die Früchte halbieren. Hagebutten und 150 Kubikzentimeter Wasser fünf bis zehn Minuten kochen lassen. Früchte durch ein Sieb streichen, bis nur noch die Kerne übrig sind. 425 Gramm Fruchtmark abwiegen, Grapefruits auspressen und 200 Kubikzentimeter Saft abmessen. Hagebuttenmark, Grapefruitsaft und Gelierzucker drei Minuten sprudelnd kochen lassen. Limette heiß abspülen, trockenreiben und die Schale in dünnen Streifen abschälen. Limettenschale unter die Konfitüre rühren und nochmals aufkochen. Hagebuttenkonfitüre sofort randvoll in saubere Gläser füllen und fest verschließen (pro Glas ca. 440 Kalorien).

TIP Hagebutten gibt es im Herbst manchmal auf Wochenmärkten zu kaufen. Sonst muß man selber sammeln.

Orangen-Möhren-Konfitüre

▸ Für 4 Gläser à 1/4 l

2 unbehandelte Zitronen,
4 unbehandelte Orangen,
500 g feine Möhren,
1 Beutel Gelfix (zwei + eins),
500 g Zucker.

Je eine Zitrone und Orange mit heißem Wasser gründlich waschen und trockentupfen. Schale sehr dünn abschälen (die weiße Haut soll nicht mitverwendet werden) und fein hacken. Die Früchte auspressen. Möhren schälen und fein reiben. Saft, Schale und Möhren in einen hohen Topf geben. Gelierpulver mit zwei Eßlöffel Wasser verrühren und dazugeben. Unter Rühren zum Kochen bringen. Zucker einrühren und einmal aufkochen. Eine halbe Minute sprudelnd kochen lassen. Sofort vom Herd nehmen, in vorbereitete Gläser füllen und verschließen (pro Glas ca. 590 Kalorien).

Heidelbeerkonfitüre

▸ Für 4 Gläser à 450 g

Je 500 g Heidelbeeren und Himbeeren,
1 Zitrone, 1 kg Gelierzucker,
4–5 Eßl. naturtrüber Apfelsaft.

Beeren waschen und mit einer Gabel etwas zerdrücken. Mit dem ausgepreßten Zitronensaft und Apfelsaft in einem Topf mischen und aufkochen. Gelierzucker unterrühren und die Konfitüre zum Kochen bringen. Vier Minuten sprudelnd kochen. In heiß ausgespülte Gläser füllen und verschließen (pro Glas ca. 1080 Kalorien).

TiP Für Eingekochtes nimmt man am besten Gläser mit Twist-off-Deckeln. Achten Sie darauf, daß weder Glasränder noch Deckel beschädigt sind, sonst schließen die Gläser nicht dicht. Vorab werden sie mit einem Tropfen Spülmittel in heißem Wasser gereinigt, ganz heiß nachgespült und auf saubere Tücher zum Abtropfen gestülpt.

Zwetschenkonfitüre mit Hagebuttenaroma

▸ Für 3 Gläser à 450 g

750 g Zwetschen, 1 kg Gelierzucker,
2 Aufgußbeutel Hagebuttentee,
Saft von 2–3 Orangen.

Die Zwetschen abspülen, entsteinen und in kleine Stücke schneiden. Mit dem Gelierzucker verrühren und zugedeckt über Nacht in den Kühlschrank stellen. Am nächsten Tag den Hagebuttentee mit einem Achtelliter Wasser kochen, zehn Minuten ziehen lassen und den Teebeutel entfernen. Den Tee mit dem ausgepreßten Orangensaft auf einen Viertelliter ergänzen. Diese Mischung mit den Zwetschenstückchen und dem restlichen Gelierzucker in einen Topf geben, aufkochen und etwa vier Minuten sprudelnd kochen lassen. Dabei immer wieder umrühren. Die Konfitüre in fertig vorbereitete Gläser füllen und sofort verschließen (pro Glas ca. 925 Kalorien).

Rhabarberkonfitüre mit getrockneten Pfirsichen

▶ Für 4 Gläser à ca. 450 g

125 g getrocknete Pfirsiche,
750 g Rhabarber,
1 kg Gelierzucker.

Die getrockneten Pfirsiche mit knapp einem Viertelliter Wasser in einer Schüssel über Nacht einweichen. Abgießen (das Wasser auffangen) und fein zerkleinern. Rhabarber waschen und in kleine Stücke schneiden. Mit Pfirsichen, Einweichwasser und Gelierzucker in einem großen Topf mischen. Die Konfitüre unter Rühren vier Minuten kräftig sprudelnd kochen lassen. Die Konfitüre kochendheiß in die fertig vorbereiteten Gläser füllen und sofort verschließen (pro Glas ca. 1100 Kalorien).

Kirschkonfitüre mit Ananas

▶ Für 4 Gläser à 380 g

800 g Sauerkirschen,
1 mittelgroße Ananas (ca. 1,5 kg),
500 g Extra-Gelierzucker.

Kirschen waschen, abzupfen und entsteinen. Ananas in dicke Scheiben schneiden, Schale entfernen und das Fruchtfleisch in kleinen Stücken rundherum vom harten Innenkern abschneiden. Kirschen mit so viel Ananasstücken mischen, daß sich 1250 Gramm ergeben (den Rest der Ananas für einen Fruchtsalat verwenden). Früchte mit dem Gelierzucker in einem Topf verrühren, aufkochen und unter Rühren drei Minuten sprudelnd kochen lassen. Die Konfitüre in heiß ausgespülte Gläser füllen und sofort verschließen (pro Glas ca. 672 Kalorien).

TiP Beim Einkochen muß man sich an die Mengenverhältnisse von Früchten und Geliermittel halten, damit Konfitüren und Gelees nicht zu flüssig werden.

Erdbeer-Feigen-Konfitüre mit Portwein

▶ Für 3 Gläser à 400 g; Foto rechts

250 g frische Feigen, 400 g Erdbeeren,
500 g Zucker, 1 Päckchen Gelfix
(für 750 g Früchte und 500 g Zucker),
100 ccm Portwein,
1 Teel. eingelegte grüne Pfefferkörner.

Feigen dünn schälen und vierteln. Erdbeeren waschen, trockentupfen und halbieren. Zwei Eßlöffel Zucker mit dem Geliermittel vermischen. Früchte, Portwein und Pfeffer zufügen und aufkochen. Restlichen Zucker unterrühren und drei Minuten sprudelnd kochen lassen. Konfitüre sofort in vorbereitete Gläser füllen und verschließen (pro Glas ca. 900 Kalorien).

Pflaumenkonfitüre mit Nüssen und Rosmarin

▶ Für 5 Gläser à 450 g

850 g Pflaumen oder Zwetschen,
2 Stiele Rosmarin,
100 g Haselnußkerne,
100 ccm Rum, 1 kg Gelierzucker.

Pflaumen waschen, halbieren und entsteinen. Im Blitzhacker zerkleinern oder ganz kleinschneiden. Rosmarin waschen und trockentupfen. Von einem Stiel die Nadeln abstreifen und hacken. Haselnüsse grob hacken. Pflaumen, Nüsse, Rosmarin und Rum vermengen. Zucker unterrühren und zum Kochen bringen. Vier Minuten sprudelnd kochen lassen. In jedes vorbereitete Glas ein Stück Rosmarin stecken. Konfitüre heiß in die Gläser füllen und verschließen (insgesamt ca. 5350 Kalorien).

Bananenkonfitüre mit Weinbrand

▶ Für 4 Gläser à 450 g

1 kg reife Bananen
(ungeschält gewogen),
Saft von 2–3 Zitronen,
1 kg Gelierzucker,
4 Eßlöffel Weinbrand

Die Bananen mit einer Gabel zerdrücken. Zusammen mit Zitronensaft, Gelierzucker und einem Achtelliter Wasser vermischt in einem großen Topf aufkochen. Je einen Eßlöffel Weinbrand in die vorbereiteten Gläser geben. Die kochendheiße Konfitüre einfüllen und die Gläser sofort verschließen (pro Glas ca. 1530 Kalorien).

Grapefruitmarmelade

▶ Für 6 Gläser à 400 g

5 Grapefruits, 1 Ananas,
1 große Mango (etwa 2 kg),
1 kg Gelierzucker-Extra,
1 Vanillestange, 4 Eßl. Tequila.

Grapefruits quer halbieren und das Fruchtfleisch mit einem kleinen Messer auslösen. Ananas in dicke Scheiben schneiden, Schale entfernen und das Fruchtfleisch in kleinen Stücken rundherum vom harten Innenkern abschneiden. Mango schälen, das Fruchtfleisch in Schnitzen vom Kern abschneiden und ebenfalls grob würfeln. Die Früchte mit Gelierzucker und Vanillestange in einem Topf verrühren, nach Packungsvorschrift aufkochen lassen. Vanillestange herausnehmen und eventuell den Tequila unterrühren. Marmelade heiß in vorbereitete Gläser füllen (pro Glas ca. 5660 Kalorien; pro Portion ca. 1112 Kalorien).

Heidelbeeren mit Whisky

▶ Für 8 Gläser à 500 g

1,5 kg Heidelbeeren (verlesen gewogen),
2 kg Zucker, 1/2 Flasche flüssiges
Geliermittel (225 g), 4 Eßl. Whisky.

Heidelbeeren verlesen, waschen und gut abtropfen lassen. Die Früchte mit dem Zucker unter Rühren aufkochen und zwei Minuten sprudelnd bei starker Hitze kochen. Geliermittel unterrühren und die Konfitüre noch einmal kurz aufkochen. In die vorbereiteten Marmeladengläser füllen und sofort verschließen (pro Glas ca. 1070 Kalorien).

TiP Außerhalb der Einmachsaison ist Gelierzucker nur schwer zu bekommen. Nehmen Sie flüssiges Geliermittel oder Gelfix in den Vorrat.

Kirschenkonfitüre mit Mandeln

▶ Für 4 Gläser à 500 g

1 kg Süßkirschen, 1 kg Gelierzucker,
1 Zitrone, 25 Gramm Mandelstifte,
4 Eßlöffel Kirschwasser.

Kirschen waschen, entsteinen und dabei halbieren. Kirschen mit Gelierzucker verrühren und zugedeckt 24 Stunden stehenlassen. Aufkochen und vier Minuten sprudelnd kochen lassen. Zitronensaft, Mandeln und Kirschwasser unterrühren. Konfitüre in die vorbereiteten Gläser füllen und verschließen (pro Glas ca. 1125 Kalorien).

Himbeerkonfitüre mit Orangenlikör

▶ Für 4 Gläser à 500 g

1 kg Himbeeren (verlesen gewogen),
1 kg Gelierzucker,
5 Eßl. Orangenlikör.

Himbeeren kurz waschen und abtropfen lassen. Mit dem Handrührgerät zerkleinern. Mit der Hälfte des Gelierzuckers verrühren und zugedeckt über Nacht stehenlassen. Mit dem restlichen Gelierzucker in einem großen Topf mischen und unter Rühren zum Kochen bringen. Vier Minuten sprudelnd kochen lassen. Likör zugießen und einmal umrühren, damit er sich verteilt. In die vorbereiteten Gläser füllen und sofort verschließen (pro Glas ca. 1090 Kalorien).

Himbeer-Sekt-Gelee mit Lorbeer

▶ Für 4 Gläser à ca. 370 g

800 g Himbeeren (ergibt 550 ccm Saft),
1 kg Gelierzucker, 10 g Zitronensäure,
1 Piccolo-Flasche Sekt (0,2 l),
4 Lorbeerblätter.

Früchte entsaften. 550 Kubikzentimeter Fruchtsaft, Gelierzucker und Zitronensäure unter Rühren aufkochen. Sekt zufügen (schäumt stark) und unter Rühren vier Minuten sprudelnd kochen lassen. Lorbeerblätter zufügen, in vorbereitete Gläser füllen (pro Glas ca. 1105 Kalorien).

TiP Geliermittel machen Konfitüren und Gelees länger haltbar, weil sie das Wasser im Obst binden. Außerdem verkürzen sie die Kochzeit, so daß Vitamine, Aroma und Farbe der Früchte besser erhalten bleiben.

Stachelbeeren mit Angostura

▶ Für 8 Gläser à 250 g

1 kg reife Stachelbeeren,
1 kg Gelierzucker,
1/2 Teelöffel Angostura.

Stachelbeeren putzen, waschen und mit dem Schneidstab des Handquirls oder im Mixer zerkleinern. Fruchtbrei mit Gelierzucker verrühren. Aufkochen, vier Minuten sprudelnd kochen und Angostura unterrühren. In die vorbereiteten Gläser füllen und verschließen (pro Glas ca. 550 Kalorien).

Pfirsich-Himbeer-Konfitüre

▶ Für 5 Gläser à 300 g; Foto rechts

1 kg Himbeeren (frisch oder TK),
4 mittelgroße Pfirsiche (500 g),
1 unbehandelte Zitrone,
2 Vanilleschoten,
500 g Gelierzucker extra,
4 Eßl. Amaretto-Likör.

Verlesene oder aufgetaute Himbeeren und drei Eßlöffel Wasser in einen Topf geben und einmal aufkochen lassen. Ein Sieb oder einen Durchschlag mit einem Mulltuch (am besten eignet sich eine Baumwollwindel) auslegen. Himbeermus daraufgeben und den Saft mindestens eine Stunde abtropfen lassen. Tuch fest ausdrücken. 600 Kubikzentimeter Saft abmessen. Die Pfirsiche mit kochendem Wasser überbrühen. Fünf Minuten stehenlassen. Pfirsiche kurz in kaltes Wasser tauchen und die Haut abziehen. Fruchtfleisch in Würfel schneiden und 500 Gramm abwiegen. Zitrone heiß abspülen, trockenreiben und die Hälfte der Schale hauchdünn abschälen. Schale fein hacken. Zitrone auspressen und den Saft über die Pfirsiche gießen. Vanilleschoten der Länge nach aufschneiden und das Mark herauskratzen. Zum Himbeersaft geben. Himbeersaft, Pfirsichwürfel, Zitronenschale, Vanilleschoten und Gelierzucker in einen großen Topf geben. Unter Rühren aufkochen und eine Minute sprudelnd kochen lassen. Den Amaretto zugeben. Vanilleschoten entfernen und die Konfitüre heiß in fertig vorbereitete Gläser füllen. Sofort verschließen (pro Glas ca. 540 Kalorien).

Schwarze Johannisbeeren mit Rum

▶ Für 4 Gläser à 450 g

1 kg schwarze Johannisbeeren,
1 kg Gelierzucker, 4 Eßlöffel Rum.

Die Johannisbeeren waschen und mit einer Gabel von den Stielen streifen. Mit dem Gelierzucker zusammen aufkochen und vier Minuten sprudelnd kochen lassen. Den Rum unter Rühren zugeben, die Konfitüre in vorbereitete Gläser füllen und sofort verschließen (pro Glas ca. 1100 Kalorien).

TiP Konfitüre und Gelee, das mehr als die Hälfte der Früchtemenge an Zucker enthält, müssen Sie nicht wegwerfen, wenn sich Schimmel auf der Oberfläche bildet. Es genügt, die Schicht großzügig zu entfernen. Eingekochtes mit weniger Zuckeranteil dagegen ist durch Schimmel verdorben.

Aprikosen-Mango-Konfitüre mit Safran und Grappa

▶ Für 6 Gläser à 250 g

3 Kumquats (ersatzweise
1/2 unbehandelte Orange),
1 Eßl. Zucker (für die Kumquats),
1 Mango (ca. 400 g),
750 g Aprikosen, 500 g Zucker,
1 Beutel Geliermittel,
80 g gehackte Mandeln,
1 Tütchen Safranfäden,
5 Eßl. Grappa.

Kumquats waschen, trockentupfen und in Scheiben schneiden. (Orange abwaschen und mit der Schale in kleine Stücke schneiden.) Mit Zucker vermischen und in einem Topf erhitzen, bis der Zucker leicht karamelisiert ist. Mango schälen. Das Fruchtfleisch vom Stein lösen und in kleine Stücke schneiden. Die Aprikosen mit kochendem Wasser übergießen, kurz ziehen lassen, abziehen und halbieren. Steine herauslösen und das Fruchtfleisch kleinschneiden. Zwei Eßlöffel Zucker mit dem Gelierpulver mischen. Früchte mit dem restlichen Zucker unter Rühren zum Kochen bringen. Je nach Anweisung auf der Packung eine bis drei Minuten kochen. Gelierpulver unterrühren und eine Minute unter Rühren weiterkochen lassen. Die Safranfäden zwischen den Fingern etwas zerreiben und mit dem Grappa unter die Konfitüre rühren. Kochendheiß in fertig vorbereitete Gläser füllen und verschließen (pro Glas ca. 540 Kalorien).

Birnenkonfitüre mit Gurken und Zitronenlikör

▶ Für 3 Gläser à 450 g

1 kg Birnen, 1 dünne Stange Porree,
500 g Schmorgurken,
1 unbehandelte Zitrone,
1 kg brauner Rohrzucker,
1/2 Flasche flüssiges Geliermittel
(225 g), 4 Eßl. Zitronenlikör.

Die Birnen schälen, entkernen und würfeln. Porree putzen, waschen und in Ringe schneiden. Gurken schälen, längs halbieren und die Kerne herauskratzen. Gurkenhälften in Scheiben schneiden. Die Zitrone waschen, abtrocknen und die Schale zu etwa drei Viertel dünn abschneiden und fein hacken, Zitrone auspressen. Birnen, Gurken, Zitronenschale, Saft und Zucker in einem großen Topf mischen. Unter Rühren aufkochen und zwei Minuten sprudelnd bei starker Hitze kochen. Das Geliermittel unterrühren und die Konfitüre noch einmal kurz aufkochen. In die vorbereiteten Gläser füllen und sofort verschließen (pro Glas ca. 680 Kalorien).

Pfirsiche mit Melonen und Sherry

▶ Für 8 Gläser à 250 g

600 g Pfirsiche (entsteint gewogen),
400 g Honig- oder Ogenmelone (entkernt gewogen),
Saft von 1 Zitrone, 1 kg Gelierzucker,
4 Eßl. Sherry medium.

Die Pfirsiche mit kochendem Wasser übergießen, kalt abschrecken und die Schale abziehen. Pfirsiche halbieren, entsteinen und das Fruchtfleisch im Mixer oder mit dem Schneidstab zerkleinern. Melone schälen, Fruchtfleisch in Würfel schneiden und fein zerkleinern. Pfirsich- und Melonenbrei mit Gelierzucker und Zitronensaft vermischen und unter Rühren aufkochen. Vier Minuten sprudelnd kochen lassen und den Sherry unterrühren. Die Konfitüre sofort heiß in vorbereitete Gläser füllen und verschließen (pro Glas ca. 560 Kalorien).

Nektarinen mit Maracuja

▶ Für 8 Gläser à 250 g

750 g Nektarinen, 1/4 l Maracujasaft,
1 kg Gelierzucker, 4 Eßl. Weinbrand.

Nektarinen waschen, halbieren, entsteinen und in kleine Stücke schneiden. Mit dem Maracujasaft und dem Gelierzucker vermischen und zugedeckt drei Stunden stehenlassen. Zum Kochen bringen, vier Minuten sprudelnd kochen lassen und heiß in vorbereitete Gläser füllen. Sofort verschließen (pro Glas ca 630 Kalorien).

Guavenkonfitüre mit Marzipan

▶ Für 2 Gläser à ca. 250 g

100 g Marzipanrohmasse,
2 Eßl. Orangensaft,
400 g rotfleischige Guaven (ersatzweise Renekloden, Pflaumen oder Sauerkirschen),
200 g Extra-Gelierzucker,
3 Eßl. Aprikosenlikör.

Marzipan sehr fein würfeln. In einem Topf mit Orangensaft verrühren und bei kleiner Hitze unter Rühren schmelzen. Die Guaven waschen, dünn schälen und in kleine Stücke schneiden. Mit Gelierzucker und Marzipan verrühren. Aufkochen und unter Rühren drei Minuten kochen lassen. Den Likör unterrühren, die kochendheiße Konfitüre in vorbereitete Gläser füllen und verschließen (pro Glas ca. 770 Kalorien).

Himbeeren in Grappa

▶ Für 5 Gläser à 250 g; Foto rechts

500 g frische Himbeeren,
250 g feiner Zucker,
4 Gewürznelken, 1/2 l Grappa.

Himbeeren verlesen und in heiß ausgespülte Gläser geben. Zucker und einen Achtelliter Wasser mit den Gewürznelken aufkochen. Abkühlen lassen. Mit dem Grappa über die Früchte geben. Die Gläser verschließen und die Himbeeren mindestens drei Tage an einem dunklen, kühlen Ort durchziehen lassen (pro Glas ca. 480 Kalorien).

TIP Grappa-Himbeeren halten sich etwa vier Monate. Sie schmecken zu Eis, Quark oder mit Mineralwasser aufgefüllt als Longdrink.

Apfel-Erdbeer-Kompott

▶ Für 5 Gläser à 1/2 l

1 kg säuerliche Äpfel, Salz,
500 g Erdbeeren,
300 ccm Weißwein oder Marsala (ersatzweise Traubensaft),
2 Eßl. Vanilleextrakt, 200 g Zucker.

Geschälte Äpfel vierteln oder achteln und entkernen. Kurz in Salzwasser tauchen. Die Erdbeeren waschen, trockentupfen und abzupfen. Große Früchte halbieren. Weißwein mit Vanilleextrakt und Zucker eine Minute kochen. Äpfel zugeben und unter Rühren eine Minute kochen. Die Erdbeeren zugeben und einmal aufkochen. Sofort in die fertig vorbereiteten Gläser füllen und verschließen (pro Glas ca. 360 Kalorien).

Heidelbeerlikör

▶ Für etwa 3/4 l

200 g Heidelbeeren,
200 g weißer Kandis, 1 Stange Zimt,
2 Gewürznelken,
1/2 l Kornbranntwein.

Die Heidelbeeren verlesen, in einer großen Schüssel mit kaltem Wasser kurz waschen, auf ein Sieb abgießen und etwas abtropfen lassen. Portionsweise auf eine Lage Küchenpapier geben und trockentupfen. Die Beeren mit dem Kandiszucker in eine Flasche geben. Zimtstange und Nelken zugeben. Den Kornbranntwein darübergießen. Die Flasche mit Korken oder Deckel verschließen. Die Mischung etwa acht Wochen stehenlassen, dabei ab und zu vorsichtig schütteln. Den Likör durch ein feines Küchentuch oder Mulltuch seihen (ca. 1720 Kalorien).

Äpfel in Rotwein

▶ Für 8 Portionen

1 kg kleine, reife Äpfel,
0,7 l trockener Rotwein,
0,7 l Rotweinessig,
1 kg feiner Zucker,
12 Gewürznelken, 1 Zitrone.

Äpfel schälen und mit einer Gabel mehrmals einstechen. Rotwein und Essig mit Zucker, Nelken und dünn abgeschälter Zitronenschale aufkochen. Äpfel darin bei kleiner Hitze 15 bis 20 Minuten garen. Herausnehmen und in ein Glas oder einen Steintopf geben. Flüssigkeit im offenen Topf auf ein Drittel einkochen lassen. Heiß über die Äpfel gießen. Mit Einmachhaut verschließen. Kühl aufbewahren (pro Portion ca. 660 Kalorien). Als Beilage zu Schweinebraten oder Wildgerichten servieren.

Holunderbeersaft

▶ Für etwa 2 1/2 Liter

5 kg Holunderbeeren.

Die Holunderbeeren waschen und von den Stielen streifen. Mit einem Liter Wasser einmal kurz aufkochen. Eine große Schüssel auf den Boden zwischen zwei Stühle stellen. Ein sauberes Mulltuch zwischen den Stühlen über der Schüssel befestigen. Die Beerenmasse in das Tuch geben und den Saft über Nacht ablaufen lassen. Den Saft einmal kurz aufkochen. Sofort in gespülte und nochmals heiß ausgespülte Flaschen füllen und verschließen (ca. 1610 Kalorien).

TiP Mit Honig oder Zuckerrübensirup vermischt wirkt heißer Holunderbeersaft wunderbar gegen Erkältung.

Roher Fruchtsaft

▶ Für 3 bis 4 l

3 kg verlesene und entstielte Früchte (z. B. Himbeeren, Johannisbeeren, entsteinte Kirschen),
50 g Weinstein oder Zitronensäure (aus der Apotheke).

Früchte in eine Glas- oder Porzellanschüssel füllen und mit dem Kartoffelstampfer zerdrücken. Weinstein oder Zitronensäure in zwei Liter kaltem Wasser auflösen und über die Früchte gießen. In einem kühlen Raum etwa zwölf Stunden zugedeckt stehenlassen, dabei ab und zu umrühren. Früchte auf ein Safttuch geben und den Saft abtropfen lassen, in Flaschen füllen und kühl stellen (insgesamt ca. 900 Kalorien).

TiP Roher Saft hält sich nur etwa drei Tage; in Gefrierbeuteln oder Eiswürfelschalen eingefroren bis zu sechs Monaten. Mit Gelierzucker oder Geliermittel kann roher Saft nach Anweisung auf der Packung zu Gelee verarbeitet werden, das sich etwa sechs Monate hält. Aufgekochter Saft (pasteurisiert) bleibt etwa drei Monate haltbar. Noch kochend in heiß ausgespülte Flaschen füllen, die sofort verschlossen werden. Beim Kochen pro Liter 300 bis 500 Gramm Zucker zugeben oder den Saft später vor dem Verbrauch süßen.

Essigpflaumen

▸ Für 12 Portionen

1/2 l Weinessig, 500 g Zucker,
3 Sternanis, einige Pfefferkörner,
750 g Pflaumen.

Essig mit Zucker, Sternanis und den Pfefferkörnern aufkochen und kochen, bis der Zucker gelöst ist. Abkühlen lassen. Die Pflaumen waschen und trockentupfen. Mit einer Gabel mehrmals einstechen und in ein hohes Glas geben. Den Essigsirup darübergießen und über Nacht stehenlassen. Die Flüssigkeit mit Sternanis und Pfefferkörnern abgießen und aufkochen. Lauwarm abkühlen lassen und wieder über die Pflaumen gießen. Am nächsten Tag die Flüssigkeit noch einmal abgießen. Das Glas mit Einmachhaut verschließen (pro Portion ca. 215 Kalorien). Als Beilage zu gekochtem Rindfleisch, Wild oder Pastete.

TiP Pflaumen und Kirschen in Essig halten sich im Kühlschrank etwa acht Wochen.

Kirschen in Essig

▸ Für 8 Portionen

500 g Kirschen, 1/2 l Weißweinessig,
250 g feiner Zucker,
3–4 Gewürznelken, 1 Zimtstange.

Kirschen waschen und die Stiele bis auf einen Zentimeter mit der Schere abschneiden. Essig mit Zucker, Nelken und Zimtstange aufkochen. Kirschen zugeben und einmal aufkochen lassen. Mit einem Schaumlöffel die Kirschen herausheben und in ein Vorratsglas füllen. Den Essigsud im offenen Topf bei großer Hitze kochen, bis etwa ein Drittel der Flüssigkeit verdampft ist. Heiß über die Kirschen füllen und das Glas mit Einmachhaut oder einem Twist-off-Deckel verschließen. Sechs Wochen an einem dunklen kühlen Ort stehenlassen (pro Portion ca. 55 Kalorien).

Senffrüchte

▶ Für 4 Gläser à 450 g

200 g Zwiebeln oder Schalotten,
4 Scheiben Ananas (Dose),
3/8 l milder Weinessig,
1/4 l halbtrockener Weißwein (ersatzweise Essig und Wasser),
350 g brauner Zucker,
1 Zimtstange,
1/2 Eßl. Gewürznelken,
2–3 Chilischoten,
4 Lorbeerblätter,
1 Teel. gemahlener Ingwer,
3 reife, feste Birnen,
100 g getrocknete Apfelringe,
250 g getrocknete Aprikosen,
50 g Rosinen,
2–3 Eßl. helles Senfpulver.

Zwiebeln abziehen und vierteln. Ananas abtropfen lassen und in Stücke schneiden. Den Essig mit Wein, Zucker, Zimtstange, Gewürznelken, Chilischoten, Lorbeerblätter und Ingwer kochen, bis der Zucker gelöst ist. Birnen waschen, vierteln und entkernen. Birnen, Apfelringe, Aprikosen, Rosinen, Zwiebeln und Ananasstücke zehn Minuten in der Essigflüssigkeit kochen. In der Flüssigkeit erkalten lassen. Senffrüchte abgetropft in Gläser oder Steinguttöpfe füllen. Die Flüssigkeit noch einmal fünf Minuten im offenen Topf sprudelnd kochen lassen. Erkalten lassen. Das Senfpulver unterrühren. Über die Früchte geben. Gläser mit Twist-off-Deckeln oder Einmachhaut verschließen (pro Glas ca. 760 Kalorien). Als Beilage zu kaltem Braten und Pasteten.

Süßsaure Renekloden

▶ Für etwa 6 Gläser à 450 g; Foto rechts

2 kg Renekloden (ersatzweise jede andere Pflaumensorte),
600 ccm milder Weinessig,
1 kg feiner Zucker,
je 1 Eßl. Piment und Gewürznelken,
4 Stangen Zimt.

Renekloden waschen. Weinessig, Zucker und Gewürze aufkochen. Renekloden etwa fünf Minuten bei kleiner Hitze kochen. Früchte mit der Schaumkelle herausheben. In ein Gefäß legen, den Sud bei großer Hitze sirupartig einkochen, über die Früchte gießen. Heiß mit Cellophan oder Twist-off-Deckeln schließen (pro Glas ca. 760 Kalorien). Als Beilage zu Braten, kaltem Fisch, Pasteten und Terrinen.

TiP Senffrüchte halten sich im Kühlschrank mindestens vier Wochen, süßsaure Renekloden etwa sechs Monate.

Süßsaure Birnen

▶ Für 10 Portionen; Foto Seite 2

2 kg feste, reife Birnen,
je 1 Eßl. Pimentkörner, Gewürznelken und Koriandersamen,
300 ccm heller Essig,
750 g feiner Zucker,
1 unbehandelte Orange,
2–3 Vanilleschoten.

Birnen dünn schälen, Blüte herausstechen. Piment, Nelken und Koriander in ein Mullsäckchen binden. Die Gewürze mit Essig, 300 Kubikzentimeter Wasser und Zucker aufkochen. Mullsäckchen herausnehmen. Birnen, dünn abgeschälte Orangenschale und Vanilleschoten zufügen. Bei kleiner Hitze gerade so lange kochen, bis die Birnen leicht glasig aussehen und gar sind. Mit einem Schaumlöffel herausheben und in Gläser füllen Sud noch etwas einkochen, über die Früchte gießen und die Gläser sofort mit Schraubdeckeln oder Cellophan verschließen (pro Portion ca. 410 Kalorien). Als Beilage zu Kartoffelpuffern, Eierkuchen, Braten, kaltem Fleisch und Pasteten.

TiP In den verschlossenen Gläsern sind die Birnen und die Pflaumen kühl gelagert vier Monate haltbar. Angebrochen muß man sie rasch verbrauchen.

Ingwer-Pflaumen

▶ Für 10 Portionen; Foto Seite 3

2 kg feste, reife Pflaumen,
1 Stück frischer Ingwer (etwa 8 cm),
2 Stengel Zitronengras,
3/4 l Pflaumenwein (ersatzweise Apfelsaft),
400 g feiner Zucker.

Die Pflaumen waschen. Ingwer mit Schale in Scheiben schneiden, Zitronengras durch leichtes Klopfen spalten. Pflaumenwein und einen Viertelliter Wasser mit Ingwerscheiben, Zitronengras und Zucker aufkochen. Pflaumen zufügen und einmal aufkochen. Pflaumen herausheben und in Gläser füllen. Sud nochmals aufkochen, über die Früchte gießen und die Gläser sofort mit Schraubdeckeln oder Cellophan verschließen (pro Portion ca. 560 Kalorien). Als Kompott oder Beilage zu asiatischem Bratreis, zu Wild, Schweinebraten, kaltem Fleisch, Schinken und Pasteten.

TiP Zum Einkochen und Einlegen brauchen Sie reife, aber ganz makellose Früchte. Lassen Sie das Obst nach dem Kauf nicht liegen, sondern verarbeiten Sie es möglichst noch am selben Tag. Frisch geerntete Früchte direkt vom Bauern oder Gärtner sind natürlich am besten.

Kaltgerührte Preiselbeeren

▶ Für 8 Portionen

500 g frische Preiselbeeren,
250 g Zucker.

Beeren verlesen und waschen. In eine Rührschüssel geben. Nach und nach den Zucker unterrühren, bis er sich in dem Saft der Früchte aufgelöst hat (pro Portion ca. 155 Kalorien). Als Beilage zu Wild und Braten.

Eingelegte Limequats

▶ Für 3 Gläser à 250 g

250 g Limequats (ersatzweise Kumquats oder Physalis),
je 1/8 l Obstessig und Apfelsaft,
200 g feiner Zucker,
1 Stange Zimt, 2–3 Sternanis,
4 Kardamomkapseln, 50 g Rosinen.

Limequats heiß abwaschen, trockenreiben und mit einer Nadel mehrmals einstechen. Den Essig und den Apfelsaft in einem Topf mischen. Zucker zugeben und rühren, bis er sich aufgelöst hat. Zimtstange, Sternanis und Kardamom zugeben und alles unter Rühren einmal aufkochen. Limequats und Rosinen zugeben und eine Minute kochen lassen. Sofort mit der Flüssigkeit in ein heiß ausgespültes Glas geben und verschließen. Eine Woche ziehen lassen. Die Früchte halten sich im Kühlschrank etwa vier Wochen (pro Glas ca. 400 Kalorien).

TIP Säuerliche Limequats, eine Kreuzung von Limetten und Kumquats, bekommen Sie bei Exotenhändlern.

Quittensaft

▶ Für etwa 2 Liter

2 kg Quitten, 250 g Zucker.

Quitten gründlich abspülen und mit einem Tuch abreiben. Blütenansätze und Stiele herausschneiden. Fruchtfleisch grob zerkleinern und mit Zucker in einen Topf geben. So viel Wasser auffüllen, daß die Früchte leicht bedeckt sind (etwa 1 1/2 Liter). Im geschlossenen Topf etwa eineinhalb Stunden garen. Einen großen Durchschlag mit einem Mulltuch oder Küchentuch auslegen und auf eine Schüssel stellen. Quitten auf den Durchschlag schütten. Über Nacht abtropfen lassen, restlichen Saft ausdrücken. Aufgefangenen Saft nochmals erhitzen und etwa drei Minuten sprudelnd kochen lassen. Sofort in heiß ausgespülte Flaschen füllen (pro Liter ca. 880 Kalorien).

Apfel-Chutney

▸ Für etwa 6 Gläser à 500 g; Foto rechts

250 g Zwiebeln, 4 Knoblauchzehen,
500 g reife Tomaten,
500 g grüne und rote Paprikaschoten,
50 g frischer Ingwer,
2 kg Äpfel (z.B. Holsteiner Cox),
500 g Rosinen, 350 g brauner Zucker,
3/4 l Weißweinessig, 1 1/2 Teel. Salz,
1 Eßl. weiße Pfefferkörner,
2 Eßl. Senfkörner,
1 1/2 Eßl. Kurkuma (Gelbwurz),
10 Gewürznelken,
4 kleine rote Chilischoten.

Zwiebeln und Knoblauch abziehen. Die Zwiebeln achteln, Knoblauch halbieren. Die Tomaten überbrühen, abziehen und quer halbieren. Die Kerne herausdrücken, das Fruchtfleisch in grobe Stücke schneiden. Die Paprikaschoten putzen und ebenfalls grob zerkleinern. Ingwer dünn schälen, in feine Scheiben schneiden. Äpfel schälen, vierteln und das Kerngehäuse entfernen. Alle diese Zutaten und die Gewürze in einen großen, säurebeständigen Topf (keinen Alu-Topf) geben und unter Rühren aufkochen. Im offenen Topf bei kleiner Hitze unter gelegentlichem Rühren etwa eine Stunde 30 Minuten kochen lassen. Gut umrühren, in heiß vorbereitete Gläser füllen und sofort verschließen (pro Glas ca. 495 Kalorien).

Möhren-Chutney

▸ Für 4 Portionen

2 Gemüsezwiebeln (etwa 500 g),
5 Knoblauchzehen,
1 kg Möhren,
3 säuerliche Äpfel (z. B. Boskop),
1 Eßl. Sesamöl, 2 Eßl. Olivenöl,
1/8 l Tomatensaft,
1–2 Eßl. Currypulver,
1–2 Eßl. Tannenhonig oder Rohrzucker,
Salz, Cayennepfeffer.

Zwiebeln und Knoblauch abziehen und fein würfeln. Möhren putzen, abspülen und in Scheiben schneiden. Die Äpfel schälen, entkernen und würfeln. Zwiebelwürfel in einem ofenfesten Bräter oder Schmortopf im heißen Sesam- und Olivenöl glasig dünsten. Knoblauch, Möhren und Äpfel dazugeben und kurz mitschmoren. Tomatensaft zugießen und mit Curry, Honig oder Rohrzucker, Salz und Cayennepfeffer würzen. Den Topf in den kalten Backofen stellen, Ofen auf 150 Grad/Umluft 125 Grad/Gas Stufe 1–2 schalten und das Chutney zugedeckt etwa eine Stunde schmoren lassen. Heiß in Gläser füllen und verschließen (pro Portion ca. 255 Kalorien).

TiP Chutneys schmecken heiß oder kalt als Beilage zu gebratenem Fleisch, ausgebackenem Gemüse oder Pasteten.

Mango-Chutney mit Johannisbeeren

▶ Für 4 Gläser à 450 g

*3 Mangofrüchte (etwa 1,3 kg),
100 g frischer Ingwer,
je 100 g rote und schwarze Johannisbeeren, 2 rote Pfefferschoten,
400 g Zucker, 1/4 l Obstessig,
je 1 Teel. Koriander und Salz,
1/4 Teel. Cayennepfeffer.*

Mangos schälen und das Fruchtfleisch in Spalten vom Kern schneiden. Fruchtfleisch würfeln. Den Ingwer schälen und in dünne Scheiben schneiden. Die Johannisbeeren in einer Schüssel mit kaltem Wasser waschen, mit einer Gabel von den Rispen lösen und trockentupfen. Pfefferschoten halbieren, entkernen und kleinschneiden. Die Mangostücke, den Ingwer und die Pfefferschoten mit dem Zucker, Essig, Koriander, Salz und Cayennepfeffer in einen großen Topf geben und einmal aufkochen. Die Johannisbeeren zugeben und alles im offenen Topf bei mittlerer Hitze etwa eine Stunde kochen, bis die Masse dicklich ist. Dabei ab und zu umrühren. Mit Salz und eventuell noch etwas Cayennepfeffer abschmecken. Das heiße Chutney in die fertig vorbereiteten Gläser füllen und sofort verschließen (pro Glas ca. 695 Kalorien).

Tomaten-Chutney mit Aprikosen

▶ Für 2 Gläser à 1/4 l

*1,5 kg reife Tomaten,
100 g getrocknete Aprikosen,
80 g frischer Ingwer,
4 Knoblauchzehen,
300 g brauner Zucker,
300 ccm Apfelessig,
1 Eßl. Salz, 1–2 Teel. Cayennepfeffer.*

Tomaten überbrühen, abziehen und grob hacken. Aprikosen in feine Streifen schneiden, Ingwer schälen, Knoblauchzehen abziehen. Beides fein hacken. Zusammen mit den Tomaten und Aprikosen in einen breiten, flachen Topf geben. Zucker, Essig, Salz und Pfeffer unterrühren und aufkochen lassen. Bei kleiner Hitze etwa zwei Stunden dicklich einkochen lassen. Dabei häufig umrühren. In vorbereitete Gläser füllen und verschließen. Chutney hält sich mindestens ein Jahr (pro Glas ca. 1010 Kalorien).

TIP Heiß eingefüllt und fest verschlossen hält sich Chutney so lange wie Konfitüre oder Gelee. Durch den hohen Anteil von Essig und Zucker können Sie ihn sogar in angebrochenen Gläsern monatelang kühl aufbewahren.

Scharfes Pomelo-Chutney mit Äpfeln

▶ Für 4 Gläser à 200 g

1 Pomelo (etwa 750 g; ersatzweise Grapefruits), 150 g frische Datteln, 500 g säuerliche Äpfel, 3 grüne Chilischoten, 1/4 l Obstessig, 300 g Zucker, 2 Teel. Salz, 1 Eßl. Senfpulver, eventuell Cayennepfeffer.

Pomelo heiß abwaschen und dünn schälen. Die weiße, pelzige Haut entfernen. Schale und Fruchtfleisch in Stücke schneiden. Datteln halbieren und entkernen. Äpfel schälen und würfeln. Chili halbieren, entkernen und in Stücke schneiden. Alle Früchte in einen großen Topf geben. Essig, Zucker, Salz und Senfpulver zufügen. Aufkochen lassen. Bei kleiner Hitze im offenen Topf etwa eine Stunde 30 Minuten kochen, bis die Masse dicklich ist. Gelegentlich umrühren. Mit Salz und Cayennepfeffer abschmecken. Sofort in heiß ausgespülte Gläser füllen und verschließen (pro Glas ca. 510 Kalorien).

TiP Chutneys passen wie frisches Obst zu Käse. Am besten dazu schmeckt türkisches Fladenbrot mit Sesam.

Tomatenwürzsoße mit grünem Pfeffer

▶ Für etwa 1 1/4 Liter

1 kg Fleischtomaten, 500 g rote Paprikaschoten, 5 Zwiebeln, 1/8 l Olivenöl, 2 Bund Estragon, 2 Teel. Salz, 1/2 Teel. schwarzer Pfeffer, 1 Eßl. Currypulver, 1/2 l milder Weinessig, 50 g eingelegter grüner Pfeffer.

Die Tomaten überbrühen und abziehen, die Paprikaschoten putzen. Beide Zutaten und die abgezogenen Zwiebeln grob würfeln. Öl in einem Topf erhitzen. Gemüsewürfel und die Hälfte des grob zerkleinerten Estragon darin andünsten. Salz, Pfeffer, Curry und Weinessig zufügen. Aufkochen. Bei mittlerer Hitze 50 bis 60 Minuten im offenen Topf kochen. Durch ein Sieb streichen. Nach Geschmack nachwürzen. Den restlichen Estragon und die Pfefferkörner unterrühren. In vorbereitete Gläser füllen und sofort verschließen (insgesamt ca. 1935 Kalorien).

TiP Die Würzsoße hält sich verschlossen etwa drei Monate. Offen muß man sie kühl stellen und rasch verbrauchen.

Pizzaöl mit Kräutern

▶ Für 2 Flaschen à 500 g; Foto Umschlaginnenseite, Flaschen im Korb

Je 2–3 Zweige frischer Thymian und Rosmarin, 2–3 Knoblauchzehen,
1 Handvoll Pimentkörner,
2 frische Lorbeerblätter,
1 Eßl. Pfefferkörner, Salz,
1 l natives Olivenöl.

Die Kräuter waschen und mit Küchenpapier sehr gut trockentupfen. Knoblauchzehen abziehen und halbieren. Mit Kräutern und Gewürzen auf zwei Flaschen verteilen. Das Öl dazugießen. Flaschen mit Korken verschließen, und das Öl kühl und dunkel aufbewahren (pro Flasche ca. 4500 Kalorien).

Kräuteressig mit Blüten und Weinblättern

▶ Für 2 Flaschen à 1/2 l; Foto rechts, linke Seite

50 g beliebige Kräuter,
1 Handvoll frische Weinblätter oder Kräuterblüten,
1 l Weißweinessig;
eventuell einige Kräuterblättchen.

Die Kräuter und die Weinblätter oder Blüten waschen und mit Küchenpapier gut trockentupfen. In eine große Flasche mit weitem Hals geben und mit dem Essig übergießen. Den Essig mit einem um den Flaschenhals gebundenen Mulltuch verschließen. Auf eine Fensterbank stellen, die viel Sonne bekommt, und den Essig in etwa vier Wochen ziehen lassen. Ein Sieb mit einem ganz frisch gewaschenen Mulltuch auslegen, den Essig durch das Tuch gießen und wieder kochendheiß ausgespülte Flaschen füllen. Eventuell Kräuterblättchen und Blüten mit in die Flaschen geben (pro Flasche ca. 60 Kalorien).

TIP Weinblätter gibt es im Frühsommer auf dem Markt und in türkischen Läden; die Blätter sollen noch saftig sein. Wirklich frische Kräuter bekommen Sie beim Gemüsehändler, Blüten erntet man im Garten. An Kräutern eignen sich: Estragon, Dill, Basilikum, Zitronenmelisse und Pimpinelle. Blüten für den Essig liefern Kapuzinerkresse, Dill, Thymian, Majoran und Bohnenkraut eignen sich gut. Die Blüten verlieren durch die Säure allerdings ihre Farbe und geben nur das Aroma an den Essig ab. Noch mehr Geschmack bekommt der Essig mit Knoblauch, Chilischoten und Gewürzen wie Nelken, Wacholderbeeren, Ingwer, Kardamom und Senfkörner. Der Essig für den Ansatz sollte mindestens sechs Prozent Säure haben.

Holunderbeer-Chutney

▶ Für 3 Gläser à etwa 425 g

500 g Holunderbeeren,
2 große säuerliche Äpfel (etwa 420 g),
250 g Schalotten,
50 g frischer Ingwer,
2 Eßl. Olivenöl, 2 Teel. Senfkörner,
1/2 Teel. gemahlener Zimt,
1/8 l Apfelessig,
1/2 Teel. Sambal oelek (indonesische Würzpaste), 1 Teel. Salz,
250 g Gelierzucker (2 1/2 zu 1).

Die Holunderbeeren abspülen und die Beeren von den Stielen zupfen. Die Beeren und vier bis fünf Eßlöffel Wasser aufkochen. Zugedeckt noch zehn Minuten stehenlassen. Den Saft durch ein Sieb gießen und einen Viertelliter abmessen. Äpfel schälen, entkernen und in kleine Würfel schneiden. Schalotten abziehen und vierteln. Den Ingwer schälen und hacken. Öl in einem Topf erhitzen. Schalotten darin goldbraun anbraten. Holunderbeersaft, Apfelwürfel und Ingwer dazugeben. Senfkörner in einem Mörser fein zermahlen und zusammen mit den restlichen Zutaten zugeben und langsam erhitzen. Unter Rühren drei Minuten sprudelnd kochen lassen. Mit Salz und Sambal oelek abschmecken. In die vorbereiteten Gläser füllen und sofort fest verschließen (pro 100 g ca. 120 Kalorien).

TiP Holunderbeer-Chutney schmeckt besonders gut zu (hartem) Käse oder als kleine Beilage zu kaltem Braten. Auch Braten- oder Salatsoßen lassen sich mit dem Chutney abschmecken.

Pikantes Kürbismus

▶ Für 6 Portionen; Foto Umschlag vorne

1 gelber Gartenkürbis (3 kg),
500 g reife Tomaten,
2 frische Chilischoten (ersatzweise getrocknete Chilischoten),
2 Eßl. Zitronensaft, 2 Eßl. Salz,
je 1 Messerspitze Zimtpulver und Nelkenpfeffer.

Kürbis halbieren und in schmale Spalten schneiden. Die Kerne und Fasern entfernen. Fruchtfleisch schälen und in Stücke schneiden. Tomaten überbrühen, abziehen und grob zerkleinern. Chilischoten halbieren, entkernen und fein würfeln (mit Gummihandschuhen arbeiten). Kürbis, Tomaten, Chilischoten, Zitronensaft, Salz, Zimt und Nelkenpfeffer in einem Topf mischen und aufkochen. Zugedeckt etwa eine Stunde kochen. Noch heiß mit dem Kartoffelstampfer grob zerkleinern. Abgekühlt portionsweise einfrieren (pro Portion ca. 90 Kalorien).

Dattel-Chutney

▸ Für 4 Gläser à 250 g

500 g frische Datteln,
50 g Rosinen, 2 Knoblauchzehen,
1 Stück frischer Ingwer,
125 g Zucker, 400 ccm Essig,
1 Teel. Salz, 2 Teel. Chilipulver.

Die Datteln entkernen und würfeln. Rosinen abspülen und abtropfen lassen. Den Knoblauch abziehen und zerdrücken, den Ingwer schälen und ganz fein schneiden. Den Zucker mit dem Essig in einem Topf verrühren. Knoblauch, Ingwer, Salz und Chilipulver zugeben und zehn Minuten kochen. Datteln, Rosinen unterrühren. Chutney aufkochen, abschmecken und in Gläser füllen (pro Glas ca. 885 Kalorien).

Olivenöl mit Kräutern

▸ Für 2 Flaschen à 400 g

2 kleine Zweige frischer Rosmarin,
2 Zweige frischer Thymian,
3 Knoblauchzehen, 750 ccm Olivenöl.

Rosmarin und Thymian abspülen und mit Küchenpapier gut trockentupfen. Die Knoblauchzehen abziehen. Mit den Kräutern in eine Flasche geben. Das Olivenöl darübergießen und die Flasche verschließen. Acht bis zehn Tage kühl und dunkel stehenlassen. Durch einen Filter oder ein mit Küchenkrepp ausgelegtes Sieb gießen. Das gefilterte Öl wieder in die Flasche füllen und verschließen (pro Flasche ca. 3375 Kalorien).

TiP Das Öl hält sich kühl und dunkel aufbewahrt sechs Monate, danach verändert sich das Aroma allmählich.

Himbeeressig

▸ Für 2 Flaschen à 1/2 l

500 g frische Himbeeren,
1/2 l Rotweinessig,
1/4 l Aceto balsamico (Balsamessig).

Die Himbeeren verlesen, aber möglichst nicht waschen, damit sie nicht matschig werden. Die Früchte in ein großes, verschließbares Glas geben und mit den beiden Essigsorten übergießen. Das Glas mit einem Tuch und einem festsitzenden Gummiband verschließen und den Essig an einem warmen, sonnigen Ort etwa vier Wochen stehenlassen. Durch ein frisch gewaschenes Mulltuch filtern und in kochendheiß ausgespülte Flaschen füllen. Mit Korken verschließen (pro Flasche ca. 100 Kalorien).

Gefüllte, eingelegte Paprikaschoten

▶ Für 4 Portionen; Foto rechts

1 kg junger Weißkohl,
60 g Salz, 1 l Weißweinessig,
4 mittelgroße Paprikaschoten,
30 g Senfkörner,
10 schwarze Pfefferkörner,
4 frische Lorbeerblätter,
1 Stück Meerrettich (etwa 4 cm),
1 Chilischote, 125 g Zucker.

Weißkohl putzen, waschen, in feine Streifen schneiden, in einer Porzellan- oder Glasschüssel mit Salz mischen und über Nacht stehenlassen. Kohl auf ein Sieb oder in ein Küchentuch geben und die Flüssigkeit herausdrücken. Kohlstreifen mit 150 Kubikzentimeter Essig mischen. Einen Deckel von den Paprikaschoten abschneiden und die Kerne und Rippen entfernen. Kraut in die Paprikaschoten füllen. Mit Senf- und Pfefferkörnern, Lorbeer, Meerrettichscheiben und Chili in ein Gefäß schichten. Restlichen Essig mit Zucker und einem Liter Wasser verrühren, bis sich der Zucker aufgelöst hat. Über die Paprika gießen und das Gemüse mit einem Teller beschweren. Die Paprika müssen mit Flüssigkeit bedeckt sein. Mindestens zwei Tage im Kühlschrank stehenlassen (pro Portion ca. 170 Kalorien).

TIP Die Schoten schmecken kalt oder warm zu Fleisch- und deftigen Kartoffelgerichten. Zum Erwärmen aus der Flüssigkeit nehmen, mit Olivenöl beträufeln und in einer ofenfesten Form abgedeckt in den Backofen stellen. Auf 225 Grad/Umluft 200 Grad/Gas Stufe 4 schalten und 30 Minuten dünsten.

Basilikum-Tomaten

▶ Für 1 Glas von ca. 3 l

1,5 kg kleine, feste Tomaten,
50 g Salz, 500 g Schalotten,
3 Bund Basilikum,
1 l Rotweinessig, 1/4 l Rotwein,
600 g Zucker.

Tomaten waschen und mit einem Hölzchen mehrfach einstechen. In eine flache Schüssel legen. Mit Salz bestreuen und 24 Stunden stehenlassen. Abgießen und gut abtropfen lassen. Die Schalotten abziehen, Basilikumblätter abzupfen und abspülen. Tomaten, Schalotten und Basilikum abwechselnd in ein hohes Gefäß schichten. Den Essig mit Rotwein und Zucker aufkochen. Kochendheiß über die Tomaten gießen. Das Gefäß verschließen. Die Tomaten in einem kühlen Raum sechs Wochen ziehen lassen (insgesamt ca. 3360 Kalorien).

Senfgurken

▶ Für 1 Glas von 1,6 l Inhalt

2 kg Azia- oder Schälgurken,
2 Eßl. Jodsalz, 3 Möhren,
80 g Sellerieknolle,
3 Lorbeerblätter,
1 Eßl. schwarze Pfefferkörner,
4 Eßl. Senfkörner,
400 ccm milder Weinessig,
180 g Zucker.

Gurken sorgfältig schälen und der Länge nach halbieren. Mit einem Löffel die Kerne herausschaben. Gurken in etwa zwei Zentimeter dicke Stücke schneiden und in eine Schüssel geben. Mit zwei Eßlöffel Salz bestreuen. Zugedeckt mindestens zwölf Stunden stehenlassen. Gurken abtropfen lassen, dabei eventuell mit Küchenpapier abtupfen. Möhren und Sellerie schälen und in kleine Stücke schneiden. Gurken mit Möhren, Sellerie und Gewürzen in vorbereitete Gläser schichten. 400 Kubikzentimeter Wasser mit Essig und Zucker aufkochen und heiß über die Gurken gießen. Glas verschließen. Kühl und dunkel mindestens drei Wochen stehenlassen (insgesamt ca. 1190 Kalorien).

TiP Kleine, saftige Gurken sind, selber eingelegt, eine besondere Delikatesse.

Kaukasisches Kraut

▶ Für 10 Portionen

65 g Salz, 1,5 kg junger Weißkohl,
2 Dilldolden,
250 g feste kleine Tomaten,
1/4 Stange Meerrettich (etwa 50 g),
eventuell 3 Kirschbaumblätter,
1 Teel. Wacholderbeeren,
1/2 Teel. Pfefferkörner,
eventuell 1/2 Flasche Brottrunk
(Reformhaus; 0,35 l).

Zweieinhalb Liter Wasser mit dem Salz aufkochen. Abkühlen lassen. Kohl putzen und achteln, den Strunk herausschneiden. Kohl mit Dilldolden, gewaschenen Tomaten, Meerrettichscheiben, Kirschbaumblättern in ein großes oder mehrere kleine Gefäße schichten, dabei die Wacholderbeeren und Pfefferkörner mit einstreuen. Abgekühltes Salzwasser mit Brottrunk mischen und über das Gemüse gießen. Das Gefäß mit Deckel oder Einmachfolie bedecken. Etwa acht bis zehn Tage bei Zimmertemperatur stehenlassen. Dann in einen kühlen, dunklen Raum oder in den Kühlschrank stellen (pro Portion ca. 40 Kalorien).

TiP Das Kraut kann frühestens gegessen werden, wenn der Sud klar ist.

Gewürzgurken

▶ Für 3 Gläser à 1 l Inhalt

2 kg mittelgroße Einlegegurken,
4 Eßl. Jodsalz, 250 g Silberzwiebeln,
1 Stück Meerrettich (etwa 10 cm),
3 kleine Rosmarinzweige,
1 Bund Salbeiblätter,
6 kleine Lorbeerblätter,
3 Dillblüten, einige Pimentkörner,
1/2 Teel. Fenchelsamen,
3 Eßl. weißer Pfeffer,
1/2 l Kräuteressig, 150 g Zucker,
1 Päckchen Gurken-Einmachhilfe.

Die Gurken unter fließendem, kaltem Wasser abbürsten, abtropfen lassen und in eine Schüssel geben. Mit drei Eßlöffel Salz bestreuen und mit kaltem Wasser begießen, so daß sie gerade bedeckt sind. Schüssel mit einem Handtuch abdecken und die Gurken mindestens 24 Stunden ziehen lassen. Herausnehmen und abtrocknen. Silberzwiebeln abziehen. Den Meerrettich schälen und in Scheiben schneiden. Die Gurken mit den Zwiebeln, Meerrettich, Kräutern und allen Gewürzen in vorbereitete Gläser schichten. Einen halben Liter Wasser mit Essig, Zucker, Einmachhilfe und dem restlichen Salz aufkochen und heiß über die Gurken gießen. Die Gläser verschließen, die Gurken kühl und dunkel mindestens vier Wochen stehenlassen (pro Glas 395 Kalorien).

Chili-Cornichons

▶ Für 4 Gläser à 1 l Inhalt

2 kg kleine Einlegegurken,
4 Eßl. Jodsalz, 2–3 rote Peperoni,
3 kleine weiße Zwiebeln,
3 Knoblauchzehen,
1 Bund glatte Petersilie,
1 Eßl. Pimentkörner,
1 Eßl. weiße Pfefferkörner,
8 Gewürznelken,
1/2 l Weißweinessig, 100 g Zucker,
1 Päckchen Gurken-Einmachhilfe.

Die Gurken unter fließendem Wasser abbürsten, abtropfen lassen, in einer Schüssel mit drei Eßlöffel Salz bestreuen und gerade eben mit Wasser bedecken. Mit einem Tuch abdecken und mindestens 24 Stunden ziehen lassen. Herausnehmen und abtrocknen. Die Peperoni entkernen, abspülen, trockentupfen und in Ringe schneiden. Zwiebeln und Knoblauch schälen, Zwiebeln in Ringe, Knoblauch in Scheiben schneiden. Petersilie waschen und trockentupfen. Die Gurken mit den Peperoni, Zwiebeln, Knoblauch, der Petersilie und Gewürzen in die vorbereiteten Gläser schichten. Einen halben Liter Wasser mit Essig, Zucker, Einmachhilfe und dem restlichen Salz aufkochen und heiß über die Gurken gießen. Gläser schließen, Gurken kühl und dunkel mindestens vier Wochen stehenlassen (pro Glas ca. 225 Kalorien).

Auberginen in Öl

▶ Für 3 Gläser à 1/2 l; Foto rechts, rechte Seite

1 kg kleine Auberginen,
1/2 l Weinessig, 100 g Zucker,
30 g Salz, 2 frische rote Chilischoten,
2 Knoblauchzehen, 0,5 l Olivenöl.

Auberginen dünn abschälen und in Stücke schneiden. Einen Liter Wasser mit Essig, Zucker und Salz aufkochen. Auberginen darin eine Minute kochen. Im Sud abkühlen lassen. Herausnehmen und abtropfen. Die Chilis entkernen und in Stücke schneiden. Knoblauch in wenig Wasser eine Minute kochen. Auberginen, Chilis und Knoblauch in vorbereitete Gläser schichten, mit dem Öl auffüllen und verschließen. Gut vier Wochen ziehen lassen (pro Glas ca. 520 Kalorien).

Paprikaschoten in Öl

▶ Für 4 Gläser à 1/2 l; Foto rechts, Mitte

2 kg rote und gelbe Paprikaschoten,
1/2 l Weinessig, 2 Lorbeerblätter,
2 Teel. Salz, 2 Eßl. Zucker,
10 frische Knoblauchzehen,
2 Eßl. getrockneter Oregano,
etwa 800 ccm Olivenöl.

Paprikaschoten in Stücke schneiden. Einen Liter Wasser mit Essig, Lorbeer, Salz und Zucker aufkochen. Paprikaschoten und Knoblauch darin eine Minute kochen. Herausnehmen und auf einem Tuch abtropfen lassen. Beide Zutaten mit Oregano in vorbereitete Gläser füllen. Mit Öl auffüllen und verschließen (pro Glas ca. 675 Kalorien).

Champignons in Öl

▶ Für 1 Glas à 3/4 l

1 kg kleine, feste Champignons,
5 Knoblauchzehen,
je 300 ccm Weißwein und Weinessig,
3 Zimtstangen, 4 Lorbeerblätter,
2 Teel. Salz, 4 frische Chilischoten,
1 Eßl. Zucker, 1 kleiner Rosmarinzweig,
300 ccm Olivenöl.

Champignons putzen, Knoblauch abziehen. Wein, Essig, eine Zimtstange, zwei Lorbeerblätter, Salz, zwei Chilis und den Zucker aufkochen. Pilze zugeben, erneut aufkochen und fünf Minuten bei mittlerer Hitze garen. Herausnehmen, abtropfen lassen und auf einem Tuch einige Stunden trocknen lassen. Knoblauch im Sud eine Minute kochen. Mit den Pilzen und den restlichen Gewürzen in vorbereitete Gläser schichten und mit Öl begießen. Gläser verschließen, Pilze dunkel aufbewahren (pro Glas ca. 1085 Kalorien).

Tomaten mit Gewürzen

▶ Für 4 Portionen

1 kg feste Flaschentomaten,
2 Teel. Salz,
12 Knoblauchzehen,
10 schwarze Oliven,
2 Teel. grober Pfeffer,
je 1 Bund frischer Koriander,
Bohnenkraut und Majoran,
4 Lorbeerblätter,
3/8 l Essig, 80 g Zucker.

Die Tomaten am Stielende tief einschneiden, auseinanderdrücken, Salz in die Öffnung streuen, Tomaten mit der Öffnung nach unten dicht an dicht in eine Schüssel stellen und über Nacht zugedeckt ziehen lassen. Umgekehrt auf einem Sieb abtropfen lassen. Die Hälfte des Knoblauchs zerdrücken. Mit den fein gehackten Oliven, Pfeffer, gehacktem Koriander und Bohnenkraut mischen und in die Tomaten füllen. Tomaten mit dem restlichen Knoblauch, Majoran und Lorbeer in ein vorbereitetes großes Glas füllen. Essig mit drei Achtel Liter Wasser aufkochen, abkühlen lassen und über die Tomaten gießen. Das Glas verschließen und die Tomaten in einem kühlen, dunklen Raum mindestens zwei Tage durchziehen lassen. Sie halten sich im Kühlschrank bis zu vier Wochen (pro Portion ca. 220 Kalorien). Als Vorspeise mit geröstetem Weißbrot servieren.

Fenchelgürkchen mit Wein

▶ Für 3 Gläser à 1 l Inhalt

2 kg Schmorgurken,
2 Eßl. Jodsalz,
1 grüne oder rote Paprikaschote,
3 kleine Zweige Rosmarin,
1 Eßl. Fenchelsamen,
2 Eßl. weiße Pfefferkörner,
3 Gewürznelken,
1/2 l Weißweinessig,
1/2 l trockener Weißwein,
100 g Zucker.

Gurken schälen, längs halbieren, entkernen. In Stücke schneiden und in eine Schüssel geben. Mit Salz bestreuen und zwölf Stunden zugedeckt stehenlassen. Paprika putzen und in kleine Stücke schneiden. Mit den abgetropften Gurken, Rosmarin und Gewürzen in vorbereitete Gläser füllen. Essig und Wein mit Zucker aufkochen. Über die Gurken gießen. Gläser verschließen. Kühl und dunkel mindestens drei Wochen stehenlassen (pro Glas ca. 400 Kalorien). Als Imbiß mit Pellkartoffeln oder Bauernbrot servieren.

TIP Wichtig für eingelegtes Gemüse mit Essig: Die Deckel der Gläser sollen innen mit Kunststoff beschichtet sein, denn blanke Metalldeckel vertragen die Essigsäure nicht.

Apfel-Rotkraut

▶ Für 6 Portionen

25 g Salz, 750 g junger Rotkohl,
1 säuerlicher Apfel, 2 Zwiebeln,
je 2 Stiele Thymian und Majoran,
1 Teel. Kümmel, 1 Lorbeerblatt,
3 frische Weinblätter,
eventuell 200 ccm Brottrunk.

Einen Liter Wasser mit der Hälfte des Salzes aufkochen und abkühlen lassen. Rotkohl vierteln und den Strunk herausschneiden. Kohl in sehr feine Streifen schneiden. Mit dem restlichen Salz in einer Schüssel mischen und mit einem Stampfer oder einer Flasche stampfen, bis der Kohl glasig aussieht. Geschälte Äpfel entkernen und kleinschneiden. Mit Zwiebelringen, Rotkohl, Thymian und Majoran, Kümmel und Lorbeer mischen. Ins Einlegegefäß füllen und mit dem Stampfer so fest zusammendrücken, daß die Luftbläschen entweichen. Mit Weinblättern bedecken. Abgekühltes Salzwasser mit Brottrunk mischen und das Gemüse damit begießen. Das Gefäß mit Deckel oder Einmachfolie bedecken und etwa acht Tage bei Zimmertemperatur stehenlassen. Dann in einen kühlen, dunklen Raum oder in den Kühlschrank stellen. Das Kraut kann frühestens gegessen werden, wenn der Sud klar ist (pro Portion ca. 40 Kalorien).

Gemüse mit Wein und Öl

▶ Für 4 Gläser à 1 l; Foto Seite 49, links

1,5 kg weiße Zwiebeln aus neuer Ernte,
Salz, 1,5 kg sehr kleine Zucchini,
6 rote, getrocknete Chilischoten,
1/2 l Weißwein, 1 l Weinessig,
100 g Zucker, 6 Lorbeerblätter,
etwa 80 ccm Olivenöl.

Zwiebeln abziehen und vierteln. In siedendem Salzwasser eine Minute kochen. Die Zucchini halbieren und in fünf Zentimeter lange Stücke schneiden. Chilis, Wein, Essig, Zucker, Salz und Lorbeerblätter aufkochen. Zwiebeln zugeben und zehn Minuten bei mittlerer Hitze kochen. Herausnehmen. Zucchini fünf Minuten im Würzsud kochen. Herausnehmen und mit den Zwiebeln in vorbereitete Gläser schichten. Würzsud aufkochen, mit Zucker und Salz abschmecken, über das Gemüse gießen. Jedes Glas mit Öl auffüllen (pro Glas ca. 395 Kalorien).

TiP Gemüse und Sud werden im Glas mit Öl aufgefüllt, damit nichts schimmelt; der Inhalt muß ganz bedeckt sein, auch bei angebrochenen Gläsern. Das Gemüse kühl stellen, bald verbrauchen und zum Entnehmen nur ganz saubere Schöpflöffel verwenden.

Scharfes Senfgemüse mit Kapern

▶ Für 15 Portionen; Foto rechts unten

2 mittelgroße Blumenkohl,
1 kg Schalotten oder kleine Zwiebeln,
200 g Salz, 25 g Mehl,
125 g Butter oder Margarine,
1/2 l milder Weißweinessig,
200 g weißer oder brauner Zucker,
1 Eßl. Kurkuma (Gelbwurz),
1–2 Eßl. Kapern,
knapp 2 Eßl. scharfes Senfpulver.

Blumenkohl putzen, in Röschen teilen, waschen und gut abtropfen lassen. Schalotten mit kochendem Wasser übergießen und abziehen. Das Gemüse in reichlich kochendes Salzwasser geben und 15 Minuten kochen. Abtropfen lassen. Mehl in zerlassenem Fett andünsten. Essig unter ständigem Rühren nach und nach zugießen. Die Soße einige Minuten kochen lassen. Zucker, Kurkuma, abgetropfte Kapern und Senfpulver unter die Soße rühren. Das Gemüse mit der Soße übergießen und abkühlen lassen. Es hält sich verschlossen im Kühlschrank etwa vier Tage (pro Portion ca. 170 Kalorien).

TiP Das Senfgemüse schmeckt zu kaltem Fleisch, Fisch oder zu Brot und Käse.

Wein-Birnen mit Senf und Gewürzen

▶ Für 8 Portionen; Foto rechts, linke Seite

1/2 l milder Weißweinessig,
1/2 l trockener Weißwein,
450 g Zucker,
50 g frischer Ingwer, 2 Zimtstangen,
3 Vanilleschoten, 8 kleine Birnen,
4 Eßl. mildes Senfpulver.

Essig, Weißwein, Zucker, geschälten Ingwer in dünnen Scheiben, Zimtstangen und aufgeschnittene Vanilleschoten aufkochen. Die Birnen schälen, unzerkleinert zugeben und bei kleiner Hitze im geschlossenen Topf etwa 15 Minuten kochen lassen. Im Kühlschrank etwa einen Tag stehenlassen. Birnen herausheben und in ein vorbereitetes Glas schichten. Den Sud bei großer Hitze im offenen Topf unter Rühren etwa 15 Minuten einkochen lassen. Das Senfpulver unterrühren und den heißen Sud über die Birnen gießen. Das Glas mit Folie oder einem Twist-off-Deckel verschließen. Die Birnen halten sich im Kühlschrank etwa drei Wochen (pro Portion ca. 300 Kalorien).

TiP Die Birnen passen als Beilage zu kurzgebratenem Fleisch, Fondue, Terrinen oder Pasteten mit Fleisch und Ragout.

Ziegenkäse in Öl

▶ Für 4 Portionen; Foto Umschlag vorne, Innenseite

8–10 kleine frische Ziegenkäse,
6–8 Knoblauchzehen, einige Zweige frischer Thymian und Rosmarin,
2–3 Chilischoten (frisch oder getrocknet), 1 Eßl. Piment, 1/4–1/2 l natives Olivenöl.

Ziegenkäse, abgezogene Knoblauchzehen, Kräuter und Gewürze in ein hohes Einmachglas schichten und mit dem Öl übergießen. Zugedeckt in einem kühlen, dunklen Raum zwei Tage ziehen lassen. Der Käse hält sich bis zu zwei Wochen (pro Portion ca. 370 Kalorien). Als Vorspeise mit grünem Salat und Weißbrot servieren.

Schafskäse in Kräutermarinade

▶ Für 6 Portionen

1 Bund Petersilie, 1/2 Bund Minze,
2–3 Knoblauchzehen,
1 unbehandelte Zitrone,
Salz, frisch gemahlener Pfeffer,
4 Eßl. natives Olivenöl,
300 g milder Schafskäse.

Kräuter waschen und fein hacken. Knoblauchzehen abziehen und in Scheiben schneiden. Zitrone heiß abwaschen und die Schale hauchdünn abschälen. In Streifen schneiden. Saft der Zitrone auspressen. Mit Kräutern, Zitronenschale, Salz, Pfeffer, sechs Eßlöffel Wasser, Öl und Knoblauch verrühren. Schafskäse in mundgerechte Stücke brechen und in eine Dose geben. Mit der Marinade übergießen (pro Portion ca. 250 Kalorien).

Eier in scharfem Weinsud

▶ Für etwa 12 Eier

12 Eier, 1/2 l Weißwein,
4 Eßl. Essig, 2 Eßl. Sojasoße,
1 große Zwiebel,
2 Knoblauchzehen,
3 Lorbeerblätter,
je 1 Teel. Piment- und Pfefferkörner,
2–3 Chilischoten.

Eier acht Minuten kochen. Abschrecken und die Schale rundherum anknicken. Eier in ein Glas legen. Wein mit Essig, Sojasoße, Zwiebelringen, Knoblauchscheiben, Lorbeerblättern, Piment- und Pfefferkörnern und Chilischoten aufkochen. Noch heiß über die Eier gießen und 24 Stunden durchziehen lassen (pro Ei ca. 90 Kalorien). Dazu: Ketchup oder Chutney und Brot.

Äpfel in Würzsirup

▶ Für 6 Portionen

200 ccm Weinessig,
6 mittelgroße Äpfel (z. B. Boskop),
250 g heller Sirup, 1 Zimtstange,
6 Gewürznelken, 50 g frischer Ingwer,
100 g abgezogene Mandeln.

Einen Liter Wasser mit dem Essig aufkochen. Geschälte Äpfel etwa acht Minuten bei kleiner Hitze darin kochen. Herausnehmen und abtropfen lassen. Sirup, Zimtstange, Nelken, geschälten Ingwer und Mandeln einmal aufkochen und über die Äpfel gießen. Abkühlen lassen (pro Portion ca. 370 Kalorien).

Eingelegte Zwiebeln und Oliven

▶ Für 1 Glas von 1 1/2 l Inhalt

500 g kleine Zwiebeln,
3/8 l Weinessig, Salz,
1/2 Bund Thymian (ersatzweise
1 Teel. getrockneter), 6 Eßl. Zucker,
1 Teel. Pfefferkörner,
je 1 rote und grüne Paprikaschote,
200 g schwarze Oliven.

Abgezogene Zwiebeln halbieren, mit Essig, drei Achtel Liter Salzwasser, Thymian, Zucker und Pfeffer fünf Minuten kochen. Kleingeschnittene Paprika und Oliven zugeben und zugedeckt weitere fünf Minuten kochen. Das Gemüse in ein Glas füllen. Die Flüssigkeit im offenen Topf aufkochen und sofort über das Gemüse gießen. Das Glas mit einem Twist-off-Deckel oder Einmachhaut verschließen (ca. 905 Kalorien).

Gewürzsenf

▶ Für ca. 150 g; Foto Seite 53, rechts oben

200 g weiße oder braune Zwiebeln,
3 Knoblauchzehen, 1/4 l Kräuteressig,
1/2 Bund Estragon,
2 Eßl. eingelegte grüne Pfefferkörner,
1/2 Teel. Nelkenpulver,
4 Lorbeerblätter, etwa 1/2 Eßl. Salz,
Zucker, 4 Eßl. mildes Senfpulver.

Die abgezogenen Zwiebeln und Knoblauchzehen pürieren. Mit dem Essig mischen und aufkochen. Gehackten Estragon, zerdrückte Pfefferkörner, Nelkenpulver und zerstoßene Lorbeerblätter unterrühren. Mit Salz und Zucker würzen. Bei kleiner Hitze unter Rühren 30 Minuten kochen. Das Senfpulver unterrühren. In ein vorbereitetes Glas füllen und verschließen. Hält sich im Kühlschrank etwa zwei Monate (ca. 240 Kalorien).

Schwarze Oliven mit provenzalischen Kräutern

▶ Für 8 Portionen; Foto rechts oben

100 ccm natives Olivenöl extra,
100 ccm Soja- oder Maiskeimöl,
4 Eßl. Rotweinessig,
2 Eßl. getrocknete Kräuter
der Provence, 4 Knoblauchzehen,
500 g schwarze Oliven mit Stein.

Die beiden Ölsorten, Essig, Kräuter und den abgezogenen, grob gehackten Knoblauch verrühren. Mit den Oliven vermischen und in einem vorbereiteten Twist-off-Glas mindestens zwei Tage durchziehen lassen (pro Portion ca. 188 Kalorien).

Grüne Oliven mit Estragon-Knoblauch-Marinade

▶ Für 8 Portionen; Foto rechts unten

2 Töpfe frischer Estragon
(ersatzweise 2 Eßl. getrockneter),
100 ccm natives Olivenöl,
4 Eßl. Weißweinessig,
2 Knoblauchzehen,
500 g grüne Oliven mit Stein.

Estragonblättchen abzupfen, kurz abspülen und trockentupfen. Mit Olivenöl, Essig und zerdrücktem Knoblauch verrühren. Mit den Oliven vermischen und mindestens einen Tag durchziehen lassen (ca. 190 Kalorien).

Eingelegter Blumenkohl

▶ Für 6 Portionen

1 großer Blumenkohl, Salz,
2 Knoblauchzehen,
1/4 l Apfelessig, 120 g Zucker,
je 10 Nelken und Pfefferkörner,
6 Lorbeerblätter.

Blumenkohl putzen und in Röschen teilen. Waschen. In reichlich Salzwasser drei Minuten kochen. Abtropfen lassen. Knoblauch abziehen und in Scheiben schneiden. Mit dem Essig, einem halben Liter Wasser, Zucker, eineinhalb Teelöffel Salz, Nelken, Pfefferkörnern und den Lorbeerblättern aufkochen. Blumenkohlröschen in ein Glas schichten und mit dem Essigsud übergießen. Über Nacht im Kühlschrank stehenlassen (pro Portion ca. 115 Kalorien).

TiP Den Blumenkohl am besten ein bis zwei Tage ziehen lassen, damit sich das Aroma der Gewürze entfalten kann.

Sherry-Sardinen

▶ Für 4 Portionen

*1 Paket tiefgekühlte Sardinen (500 g),
300 ccm Weinessig,
1/4 l trockener Sherry,
50 g Zucker,
1 Paket süßsauer eingelegter Chinakohl (250 g; siehe Tip), 1 Paket eingelegter gehobelter Ingwer (60 g; siehe Tip).*

Die Sardinen auftauen lassen. Fische ausnehmen, unter fließendem kaltem Wasser schuppen und waschen. Mit Küchenpapier innen und außen trockentupfen. Den Essig mit Sherry und Zucker verrühren. Den Chinakohl in feine Streifen schneiden. Die Sardinen mit den Chinakohlstreifen und dem gehobelten Ingwer in ein Glasgefäß oder in eine Porzellanschüssel schichten. Mit dem Essigsud begießen, so daß alles gut bedeckt ist. Mindestens einen Tag zugedeckt durchziehen lassen. Die Sardinen sind im Kühlschrank drei bis vier Tage haltbar (pro Portion ca. 420 Kalorien).

TIP Eingelegten Ingwer und süßsauren Chinakohl gibt es in japanischen Fachgeschäften. Falls Sie die Zutaten nicht bekommen, nehmen Sie eine frisch gehobelte Ingwerknolle und ein weiteres Paket Sardinen.

Gebeizte Heringe

▶ Für 12 Portionen

*12 mittelgroße grüne Heringe (etwa 1,5 kg; küchenfertig),
500 g rote Zwiebeln,
2 Bund Dill oder 2 Päckchen TK-Dill,
240 ccm Kapern mit Flüssigkeit (Einwaage 200 g), Salz, grober Pfeffer,
10 Gewürznelken, 200 ccm Olivenöl.*

Köpfe und Flossen der Fische abschneiden. Jeden Fisch an der Bauchseite bis zur Schwanzflosse aufschneiden, auseinanderklappen und entgräten: Zunächst die Seitengräten vom Fleisch lösen, indem man mit dem Daumen darunter entlangfährt. Die Mittelgräte mit einem Messer vom Fleisch ablösen. Die Heringsfilets abspülen und trockentupfen. Zwiebeln abziehen und in Ringe schneiden. Dill abspülen, trockentupfen und hacken. Heringe zusammengeklappt oder flach mit den Innenseiten nach oben mit Zwiebeln, Dill, Kapern mit Flüssigkeit, Salz, Pfeffer und Nelken in eine Glas- oder Porzellanform schichten. Öl darübergießen. Mit Klarsichtfolie bedecken und eventuell mit einem Teller beschweren. Die Fische sollen mit Öl bedeckt sein. Zwei bis drei Tage im Kühlschrank durchziehen lassen. Zugedeckt und kühl gestellt, halten sie sich etwa vier Tage (pro Portion ca. 464 Kalorien). Dazu: Bauernbrot.

Käse mit Branntwein

- Für 12 Portionen

3 rote Zwiebeln, 8 Knoblauchzehen,
12 kleine frische Ziegenkäse à 100 g,
je 1 Bund frische Kräuter
(Rosmarin und Thymian),
einige weiße Pfefferkörner,
3 Lorbeerblätter,
1 l natives Olivenöl,
2 cl Genever (oder Kornbranntwein).

Abgezogene Zwiebeln in Ringe schneiden. Knoblauchzehen abziehen. Käse, Zwiebelringe, Knoblauch, Kräuter, Pfefferkörner und Lorbeerblätter in ein hohes Glas schichten. Das Öl darübergießen. Glas verschließen und kühl stellen. 14 Tage ziehen lassen (pro Portion ca. 500 Kalorien).

Würzkäse

- Für 10 Portionen

1/2 Stange Porree, Salz,
200 g Ziegenkäse,
250 g fester Briekäse,
100 g Greyerzer oder Emmentaler Käse,
260 g Schichtkäse,
1 Eßl. TK-Kräuter der Provence,
3–4 Lorbeerblätter.

Porreestücke in einem Achtelliter Salzwasser 15 Minuten kochen. Ziegen- und Briekäse durch ein Sieb streichen. Greyerzer Käse fein reiben oder im Blitzhacker zerkleinern. Schichtkäse in einem Küchentuch fest auspressen. Porree abgießen, Flüssigkeit auffangen. Alle vorbereiteten Käsesorten mit der Kräutermischung und mit etwa 50 Kubikzentimeter Porreewasser zu einer glatten Masse verrühren. Mindestens drei Tage im Kühlschrank stehenlassen. Mit den Lorbeerblättern verzieren (pro Portion ca. 220 Kalorien). Dazu: Schwarzbrot.

Backpflaumen in Rotwein

- Für 4 Portionen

1/4 l Rotwein, 1/4 Teel. Salz,
1 Vanilleschote, 1 Stange Zimt,
1 unbehandelte Zitrone,
1 Messerspitze Kardamom,
3 Eßl. Zucker,
250 g Trockenpflaumen ohne Stein.

Rotwein mit 100 Kubikzentimeter Wasser, Salz, aufgeschnittener Vanilleschote und Zimt verrühren. Zitrone heiß waschen und die gelbe Schale hauchdünn abschälen. Zitronensaft, Kardamom und Zucker zufügen und aufkochen. Heiß über die Pflaumen gießen. Zugedeckt über Nacht kühlen (pro Portion ca. 270 Kalorien).

Champignons in Weißwein

▶ Für 4 Portionen; Foto rechts

1/4 l trockener Weißwein,
400 g kleine braune Champignons,
1 kleiner Zweig Rosmarin,
Salz, 1/2 unbehandelte Zitrone,
2 Eßl. Olivenöl, 4 Knoblauchzehen,
100 g Kirschtomaten.

Wein in einer großen Pfanne aufkochen. Pilze, Rosmarin und Salz zugeben und zugedeckt bei kleiner Hitze zehn Minuten garen. Mit Zitronenscheiben, Öl, Knoblauchzehen und Tomaten mischen und zugedeckt über Nacht im Kühlschrank durchziehen lassen (pro Portion ca. 75 Kalorien).

Eingelegte Gänsekeulen

▶ Für 8 Portionen

4 Gänsekeulen à etwa 400 g,
40 g grobes Salz,
2 Teel. Kräuter der Provence,
je 500 g Gänse- und Schweineschmalz.

Die Gänsekeulen im Gelenk teilen und mit Salz und Kräutern einreiben. In einen Steinguttopf (Inhalt etwa 2,5 Liter) legen und zugedeckt 24 Stunden stehenlassen. Fleischstücke abreiben und im gesamten Schmalz bei kleiner Hitze eine Stunde 20 Minuten garen. Die Fleischstücke wieder in den Steinguttopf legen. Das Fett aufkochen und den Schaum abschöpfen. So viel flüssiges Fett in den Topf gießen, daß das Fleisch ganz bedeckt ist. Nach dem Abkühlen zugedeckt im Kühlschrank einige Tage durchziehen lassen (pro Portion ca. 645 Kalorien).

TiP Die Keulen halten sich im Kühlschrank etwa vier Wochen. Sie müssen immer ganz mit Schmalz bedeckt sein, sonst verdirbt das Fleisch.

Olivenpaste

▶ Für 1 Glas von ca. 300 g

5 Knoblauchzehen, 1 Bund Basilikum,
3 Sardellenfilets, 200 g grüne Oliven,
80–100 ml natives Olivenöl

Knoblauchzehen abziehen, Basilikumblättchen abzupfen und waschen. Sardellenfilets kalt abspülen, Oliven gegebenenfalls entsteinen. Alle diese Zutaten mit den Oliven und dem Olivenöl im Blitzhacker oder mit dem Schneidestab des Handrührers pürieren. In einem Schraubglas im Kühlschrank aufbewahren. Mit Öl bedeckt, hält sich die Paste einige Wochen (ca. 1180 Kalorien).

Rindfleischsülze

▶ Für 8 Portionen

750 g schieres Rindfleisch,
400 ml Rinderfond (Glas),
1/2 l trockener Weißwein (ersatzweise Gemüsebrühe und etwas Zitronensaft),
1 Bund Suppengrün,
6 Blatt weiße Gelatine,
1 kleiner Mangold, 200 g Möhren,
1 Eßl. Öl, Salz, 2 Eßl. Weinessig,
2 Stengel glatte Petersilie.

Rindfleisch und grob zerkleinertes Suppengrün in Fond und Wein eine Stunde kochen. Fleisch im Sud erkalten lassen. Fett abheben. Fleisch herausnehmen und in feine Streifen schneiden. Brühe durch ein feines Sieb gießen und einen halben Liter abmessen. Gelatine in kaltem Wasser einweichen. Vier Mangoldblätter waschen (Rest anderweitig verwenden). Die weißen Blattrippen herausschneiden und fein würfeln. Blätter in feine Streifen schneiden. Die Möhren waschen, schälen und fein würfeln. Mit den Mangoldstielen im heißen Öl zwei Minuten dünsten. Die Streifen der Mangoldblätter daruntermischen und das Gemüse abkühlen lassen. Die ausgedrückte Gelatine in drei Eßlöffel heißem Wasser auflösen. Zum halben Liter Brühe geben. Mit Salz und Essig kräftig abschmecken. Eine flache Form (20 mal 30 Zentimeter) mit Klarsichtfolie auslegen und den Boden mit Brühe gerade eben bedecken. Fest werden lassen. Die Petersilienblättchen (einige zum Garnieren zurücklassen), das Fleisch, Gemüse und restliche Brühe daraufgeben. Über Nacht im Kühlschrank fest werden lassen. Sülze stürzen. Folie abziehen und die Sülze würfeln. Mit Petersilie garnieren (pro Portion ca. 135 Kalorien).

Vegetarisches Zwiebel-Schmalz mit Äpfeln

▶ Für ca. 25 Scheiben Brot

200 g Kokosfett oder Pflanzenfett,
1 Gemüsezwiebel (etwa 300 g),
1 1/2 Teel. getrockneter Thymian,
1 Teel. getrockneter Oregano,
2 Teel. Gemüsebrühe-Extrakt,
2 kleine Äpfel (etwa 200 g),
100 ccm Olivenöl, 1 Bund Thymian.

Die Hälfte des Kokosfettes zerlassen. Abgezogene kleingewürfelte Zwiebel darin andünsten, die Zwiebeln sollen nicht braun werden. Thymian, Oregano, Brühe-Extrakt und Apfelwürfel zugeben und zwei Minuten mitdünsten. Das restliche Kokosfett unterrühren. Sobald die Masse abgekühlt und etwas fest geworden ist, das Olivenöl und die Thymianblättchen unterrühren (pro Portion ca. 110 Kalorien).

REGISTER

Umwelthinweis
Alle bedruckten Materialien dieses Taschenbuches sind chlorfrei und umweltschonend.

Der Goldmann Verlag ist ein Unternehmen der Verlagsgruppe Bertelsmann

Originalausgabe April 1998

Umschlaggestaltung: Design Team München
Umschlagabbildung: Jens Schiermann (vorne), Reinhard Rosenau (vorne, Innenseite),
Winfried Nöremberg (hinten)
Fotos: Heino Banderob (5, 21, 49, 61, 57 oben, unten), Gisela Caspersen (41),
Achim Deimling-Ostrinsky (2/3, 9, 17, 33, 37, 45, 53), Wolfgang Krüger (25)
Satz: Uhl + Massopust, Aalen
Lithographie: Studio Lorenz & Zeller, Inning a. A.
Druck: J. P. Himmer, Augsburg
Bindung: Großbuchbinderei Monheim
Verlagsnummer: 13885
Lektorat: Katharina Fokken
Herstellung: Heidrun Nawrot
Made in Germany
ISBN 3-442-13885-X

10 9 8 7 6 5 4 3 2 1